Dossiers et Documents

Collection dirigée par
Anne-Marie Villeneuve

Du même auteur

Laguna Beach, texte dramatique, Dramaturges éditeurs, Montréal, 1999.

Le Mutant, monologue, Dramaturges éditeurs, Montréal, 1997.

381, texte dramatique, Dramaturges éditeurs, Montréal, 1996.

Pour les pères en difficulté!

MAISON OXYGÈNE : DES PORTES OUVERTES SUR L'ESPOIR

DIX PÈRES, DIX HISTOIRES

Catalogage avant publication de Bibliothèque et Archives nationales du Québec et Bibliothèque et Archives Canada

Villeneuve, Raymond
Maison Oxygène: des portes ouvertes sur l'espoir: dix pères, dix histoires
(Dossiers et documents)
ISBN 978-2-7644-0704-2
1. Maison Oxygène (Montréal, Québec). 2. Pères de famille monoparentale - Québec (Province) - Montréal. 3. Pères de famille monoparentale, Services aux - Québec (Province) - Montréal. I. Titre. II. Collection: Dossiers et documents (Éditions Québec Amérique).
HQ759.915.V54 2009   306.874'220971428   C2009-942134-8

Nous reconnaissons l'aide financière du gouvernement du Canada par l'entremise du Programme d'aide au développement de l'industrie de l'édition (PADIÉ) pour nos activités d'édition.

Gouvernement du Québec – Programme de crédit d'impôt pour l'édition de livres – Gestion SODEC.

Les Éditions Québec Amérique bénéficient du programme de subvention globale du Conseil des Arts du Canada. Elles tiennent également à remercier la SODEC pour son appui financier.

Québec Amérique
329, rue de la Commune Ouest, 3ᵉ étage
Montréal (Québec) Canada H2Y 2E1
Tél.: 514 499-3000, télécopieur: 514 499-3010

Dépôt légal: 4ᵉ trimestre 2009
Bibliothèque nationale du Québec
Bibliothèque nationale du Canada

Mise en pages: Karine Raymond
Révision linguistique: Annie Pronovost et Alexie Morin
Conception graphique: Nathalie Caron
Photographies: Pierre Crépô
Crédits photos additionels: Archives de la Maison Oxygène
Idée et collaboration spéciale pour la Maison Oxygène: Christine Fortin

©2009 Éditions Québec Amérique inc.
www.quebec-amerique.com

Imprimé au Canada

RAYMOND VILLENEUVE
PHOTOS DE PIERRE CRÉPÔ

AU PROFIT DE LA
MAISON OXYGÈNE

MAISON OXYGÈNE : DES PORTES OUVERTES SUR L'ESPOIR
DIX PÈRES, DIX HISTOIRES
PRÉFACE D'ANDRÉ MELANÇON

QUÉBEC AMÉRIQUE

Ce livre est dédié à Claude Hardy, fondateur de la Maison Oxygène, à tous les pères qui ont eu le courage d'entrer dans cette Maison; mais surtout, aux dix hommes qui m'ont raconté leur vie et m'ont autorisé à en faire les récits qui composent cet ouvrage.

Merci à Anne-Marie, Christine, Yvon, Céline, Gabriel et Fanny.

Raymond Villeneuve

PRÉFACE
PAR ANDRÉ MELANÇON

Montréal, le 30 mars 2009

Madame Christine Fortin, directrice
La Maison Oxygène

Chère Christine,

Je viens de lire les témoignages que tu m'as fait parvenir et que vous allez intégrer à la publication consacrée à la Maison Oxygène.

Les confidences de ces pères m'ont bouleversé. Loin d'être témoin, comme on pourrait s'y attendre, d'une volonté malsaine et stérile de vengeance et de règlements de comptes, on découvre, tout au long de ces témoignages, une douleur profonde, des moments de désespoir, mais aussi un désir réel de s'en sortir, de reprendre contact avec la réalité et avec les êtres aimés.

Il existe une constante dans ces portraits où se confient des hommes très différents les uns des autres. Ce sont des univers particuliers, des hommes unis par leurs souffrances et leur désespoir, et qui, peu à peu, entrevoient et acceptent la lumière au bout du tunnel.

La renaissance de ces hommes (et des autres qui ont fréquenté ou fréquentent encore la Maison Oxygène) confirme l'efficacité et la pertinence de l'approche adoptée. Cette approche s'est construite au fil des années sur deux valeurs fondamentales : l'écoute bienveillante et le regard attentif porté à l'autre.

On ne soupçonne pas l'importance de sentir, dans des moments de rupture et de turbulence, un regard extérieur qui ne manifeste ni jugement ni reproche, mais simplement une totale empathie.

On ne soupçonne pas l'importance de vivre alors une relation basée sur la continuité, la constance, la fidélité.

Ces témoignages nous parlent de l'importance d'une présence réelle et chaleureuse.

Ne reste qu'à souhaiter, chère Christine, que ce volume soit diffusé et lu. Et, autre souhait : que d'autres Maisons Oxygène s'implantent à Montréal et en région.

Bravo à toute l'équipe.

André Melançon,
porte-parole (avec Andrée Lachapelle)
du Carrefour Familial Hochelaga.

AVANT-PROPOS
DE L'AUTEUR

Ce livre raconte tout d'abord l'histoire de la Maison Oxygène, une ressource communautaire unique qui offre de l'hébergement à des pères en difficulté et à leurs enfants. Depuis sa fondation en 1989 par Claude Hardy, un homme hors du commun, et jusqu'à son vingtième anniversaire célébré cette année, la Maison a grandi, exploré bien des avenues, mais surtout, elle a accueilli et soutenu plus de 400 papas avec leurs garçons et leurs filles.

Le livre présente ensuite les histoires de dix pères qui ont eu le courage de venir frapper à la porte de la Maison Oxygène, de se remettre en question et d'entreprendre une démarche de changement pour leur bien-être et celui de leurs enfants.

Ces histoires m'ont bouleversé, troublé, et elles m'ont fait réfléchir, puisqu'on les entend rarement. En effet, la souffrance des hommes et des pères demeure encore un sujet tabou dans notre société, autant pour les hommes eux-mêmes que pour leurs conjointes, mères, sœurs ou amies.

Mon objectif d'auteur était très simple : m'effacer complètement pour que l'on puisse entendre la voix de ces hommes qui sont allés très loin dans leur détresse et qui ont tenté de revenir de l'enfer pour que leurs enfants puissent connaître une meilleure vie que la leur.

J'espère avoir été fidèle au vécu de ces pères et avoir réussi à transmettre leur désespoir, leur frustration, leur sentiment d'impuissance mais aussi leur rêve, leur force, leur courage et, surtout, la petite étoile qui s'allume dans leurs yeux quand ils parlent de leurs enfants.

Je souhaite que la voix de ces pères soit entendue et que le rêve de la Maison Oxygène se réalise, c'est-à-dire que, dans cinq ans, il y ait au moins cinq maisons d'hébergement pères-enfants au Québec.

Bonne lecture !

Raymond Villeneuve

LA MAISON OXYGÈNE :
DES PORTES OUVERTES SUR L'ESPOIR
L'HISTOIRE DE LA MAISON OXYGÈNE

Au début, il n'y avait pas de portes à la Maison Oxygène. En fait, il n'y avait pas de Maison Oxygène du tout. Il n'y avait, au milieu des années 1980, que les femmes du Carrefour Familial Hochelaga, qui avaient décidé d'ouvrir la porte de leur cœur aux réalités des hommes, ce qui à cette époque était tout à fait visionnaire pour un organisme communautaire Famille.

Claude Hardy, fondateur

Photo : © Archives Maison Oxygène

Un homme avait alors été engagé pour aller à la rencontre des autres hommes, pour les écouter et tenter de comprendre ce qu'ils vivaient. Ce premier intervenant fut rapidement remplacé par un être hors du commun, avec le cœur sur la main : Claude Hardy. Ce prêtre non conventionnel de l'ordre des Capucins ratissa les rues du quartier Hochelaga-Maisonneuve, à Montréal, afin de débusquer les hommes en détresse là où ils se trouvaient.

Le prêtre sans soutane se rendit jusque dans les tavernes pour entendre des histoires de perte d'emploi, de pauvreté, de dépendance, de relations amoureuses mouvementées, de séparations difficiles et de dignité perdue. Il avait cependant remarqué une constante: «Là où les bonshommes étaient le plus touchés, c'était lorsqu'on parlait des enfants. Je sortais les Kleenex chaque fois.» Claude Hardy s'intéressa aussi aux propos des intervenantes ainsi qu'aux récriminations des conjointes à l'égard de leurs hommes.

Le capucin constata rapidement que les hommes, quand ils y venaient, se trouvaient mal à l'aise dans le cadre traditionnel des activités du Carrefour Familial Hochelaga. Lorsque les femmes jasaient dans la cuisine, les gars se tenaient dans les coins, et lors des activités mères-enfants, ils ne savaient pas où se mettre. Pour remédier à ce problème, Claude Hardy créa des «soupers de gars», des rencontres entre hommes ainsi que des sorties pères-enfants; et, peu à peu, les gars commencèrent à parler et à ouvrir les portes de leur univers intérieur.

Claude Hardy découvrit aussi à quel point la rupture amoureuse blesse profondément les hommes: «Quand la conjointe s'en va, c'est la mort. Les gars ont tout misé là-dessus, ils ont misé leur vie.» Mais ce qui le renversa surtout, ce fut de comprendre que «c'est souvent pour les enfants que ces gars-là trouvent que ça vaut la peine de faire quelque chose». C'est cette prise de conscience qui inspira à l'intervenant la création de la Maison Oxygène.

À l'époque, il y avait bien sûr de l'hébergement pour les itinérants, des centres de crise pour des séjours de courte durée, des centres d'hébergement pour les mères et leurs enfants… mais un père en difficulté ne pouvait être hébergé nulle part avec ses enfants; la seule option possible était le placement des enfants par la Direction de la protection de la jeunesse (DPJ).

La naissance de l'établissement surviendra en 1989 lors d'une situation d'urgence. Claude Hardy la relate ainsi:

Je me rappelle qu'un gars m'a appelé parce qu'il était mal pris. Fallait qu'il place ses enfants. Mais il ne voulait pas le faire même si sa femme était partie. Il vivait du bien-être social et devait quitter son logement : il ne pouvait plus payer. Le CLSC lui suggérait de placer ses deux jeunes et de se trouver une chambre quelque part. La gravité de la situation nous a sauté dans la face. On l'a hébergé à la halte-garderie, puis on a loué le logement à côté du Carrefour. Je l'ai aidé à déménager. Sa petite fille m'a demandé : « Je peux-tu amener mon chat ? » J'ai dit : « Oui, tu peux l'amener. »

Comme le logement loué par le Carrefour Familial Hochelaga contenait deux chambres, on y accueillit un autre homme et, peu à peu, un service d'hébergement né de la nécessité fut mis en place. Au cours des premières années, on y recevait les hommes vivant des difficultés conjugales et familiales, avec enfants ou non.

À cette époque, la Maison Oxygène était un véritable laboratoire, puisque ce type de ressource communautaire n'existait nulle part ailleurs. On y toléra même l'alcool pendant quelque temps, pour finalement s'apercevoir que cela nuisait au cheminement des résidants. Claude Hardy explora toutes sortes de formules pour tenter de découvrir la meilleure façon d'aider ses pensionnaires. Une idée centrale s'imposa cependant rapidement à lui : « La possibilité d'aider et d'être aidé, c'est ça qui permet à quelqu'un d'avancer ».

Le prêtre fonda donc sa philosophie d'intervention sur l'entraide : donner et recevoir, « passer au suivant », selon l'expression consacrée. De cette façon, les hommes sentaient qu'ils faisaient partie intégrante de la démarche et pouvaient recevoir de l'aide des intervenants de la Maison Oxygène tout en soutenant leurs enfants et en apportant leur appui à d'autres pères en difficulté. Ainsi, ils conservaient leur dignité.

Claude Hardy aimait à citer cet extrait de la Bible : « Je suis venu pour que vous ayez la vie en abondance. » L'homme trouvait son bonheur dans la correction des injustices sociales et il souhaitait de toute son âme que les hommes en difficulté qu'il côtoyait, de même que leurs enfants, puissent eux aussi recevoir la vie en abondance.

Après cinq ans à la tête de la Maison Oxygène, Claude Hardy quitta l'établissement, épuisé par un engagement d'une grande profondeur et d'une remarquable intensité. Il fut accablé tout particulièrement par la lourdeur de la tâche et par les rechutes des pensionnaires. Lui aussi dut se résigner à « passer au suivant » et à laisser d'autres intervenants poursuivre son œuvre.

Il faut dire que travailler à la Maison Oxygène n'est pas de tout repos et que certaines situations bouleversent même les intervenants les plus aguerris. Par exemple, un jour, la Maison accueillit un père et ses enfants qui vivaient dans une piquerie, au cœur d'une misère sociale immense. Malheureusement, à la fin de son séjour, la petite famille retourna vivre dans une autre piquerie. Quel est alors le sens du travail accompli ?

Un intervenant de la Maison m'a raconté avoir rencontré chez le médecin un ancien résidant en état d'ébriété et visiblement encore aux prises avec de graves difficultés. Ce dernier lui a dit, la bouche pâteuse : « Merci ! Les trois mois passés chez vous ont été les trois plus beaux mois de ma vie et de celle de mon enfant. » Cet intervenant aime à dire aujourd'hui qu'il n'y a pas de petite victoire parce que, selon lui, « la vie, ça ne se mesure pas avec une règle ». Heureusement, cependant, pour de nombreux pères, le séjour à la Maison Oxygène a été déterminant et leur a permis de prendre un nouveau départ.

En 1994, en remplacement de Claude Hardy, Yvon Lemay et Michel Bussières entraient au service de la Maison Oxygène, qui possédait maintenant trois chambres situées à l'étage supérieur du Carrefour Familial Hochelaga, dorénavant établi sur la rue Joliette, toujours dans le quartier Hochelaga-Maisonneuve à Montréal. Les deux intervenants travaillèrent à préciser les règles de séjour de la maison d'hébergement. L'année suivante, cette dernière obtint le prix Agnès-Higgins de Centraide du Grand-Montréal et le deuxième prix au concours Persillier-Lachapelle du ministère de la Santé et des Services sociaux.

Cette période fut marquée par une importante proximité entre les résidants et les intervenants. À l'occasion, même, ceux-ci invitaient les pères et leurs enfants chez eux dans un esprit d'entraide et de convivialité. On finit cependant par se rendre compte qu'une trop grande familiarité pouvait nuire à la démarche des hommes.

En 1998, Yvon Lemay fut troublé par une histoire qui l'habite encore aujourd'hui. Un père en très grande difficulté dut se résoudre, cette année-là, à confier son enfant à l'adoption, parce que lui et sa conjointe n'étaient pas aptes à en prendre soin. La mort dans l'âme, le père écrivit une lettre à son enfant et la confia à Yvon afin que celui-ci puisse la remettre à son fils le jour de ses 18 ans. Ce dernier pourra ainsi retrouver son père, s'il le désire. Le père aurait dit à l'intervenant : « S'il veut de mes nouvelles, y viendra te voir ; tu sauras où me trouver. » Yvon Lemay, qui détient encore la fameuse lettre, a toujours les yeux humides lorsqu'il songe à cette histoire et s'interroge au sujet de ce qui adviendra à la majorité de l'enfant. Rien n'est jamais simple, à la Maison Oxygène…

En 1999, un deuxième lieu d'hébergement vit le jour et il apparut tout naturel de lui donner le nom du fondateur de la Maison Oxygène : la Maison Claude-Hardy. Ce second lieu de séjour contient deux chambres en externe, afin de faciliter la réintégration sociale des pères après leur passage à la Maison Oxygène. Lors de l'inauguration, Claude Hardy versa quelques larmes qui bouleversèrent toutes les personnes présentes. La même année, le prêtre reçut la médaille de l'Assemblée nationale pour sa remarquable contribution au soutien des hommes en difficulté.

Malheureusement, l'année suivante, le fondateur de la Maison Oxygène décéda, et cela, tout juste après avoir écrit un texte dans lequel il donnait son appui à la Grande marche des femmes, qui se tiendrait quelques mois plus tard. Pour lui, et pour toute l'équipe de la Maison et du Carrefour Familial Hochelaga, l'engagement envers les hommes et les pères a toujours été tout à fait conciliable avec le soutien aux luttes pour l'égalité entre les sexes.

En 2003, après un long travail de démarchage et de planification, le Carrefour Familial Hochelaga déménagea dans son emplacement actuel, sur la rue d'Orléans. Dorénavant, la Maison Oxygène pouvait offrir cinq chambres aux pères avec enfants, en plus des deux chambres toujours disponibles à la Maison Claude-Hardy. De plus, les nouveaux locaux de la Maison permettaient la création d'un milieu de vie avec des pièces communes : une cuisine, un salon, une salle de séjour et une terrasse. L'établissement obtint aussi la reconnaissance de l'Agence de la Santé et des Services sociaux de Montréal, grâce à laquelle il put finalement obtenir du financement récurrent de l'État.

En 2004 et en 2005, il fallut développer de nouvelles stratégies d'intervention et structurer davantage le travail d'accompagnement qui, jusque-là, demeurait tout de même un peu artisanal. De nouveaux intervenants furent engagés, un chef d'équipe fut nommé et, peu à peu, on améliora la qualité de l'intervention tout en tentant de maintenir la chaleur de cette ressource communautaire unique. Les nouvelles façons de faire, l'augmentation du nombre d'intervenants et du nombre de chambres, conjuguées à la hausse constante de la demande, tout cela provoqua une importante crise de croissance de l'organisation qui dut, pendant deux ans, chercher un nouveau souffle.

Une réflexion en profondeur fut donc entreprise en 2007 afin de régler la crise et de restructurer l'organisation. Grâce à cette démarche, la Maison Oxygène put établir ses points forts et ses points faibles, préciser son approche, mieux protéger les familles en situation précaire et systématiser le suivi auprès des pères. On décida aussi de ne plus héberger que les pères en difficulté avec enfants. Comme la Maison refusait une centaine de papas par année, un grand rêve émergea de ce triste constat : faire en sorte que de nouvelles maisons d'hébergement pères-enfants puissent voir le jour au Québec au cours des prochaines années.

La même année, survint un petit miracle dans l'histoire de la Maison Oxygène. Un homme que personne ne connaissait alla dîner au Chic Resto Pop[1], situé tout près, et rencontra des pères qui séjournaient à la Maison. L'homme fut touché par le récit de ces résidants et contacta immédiatement un intervenant de l'établissement. Après une courte conversation chaleureuse, un dossier lui fut envoyé mais le document se perdit dans la poste. L'homme retéléphona à l'intervenant trois semaines plus tard, pour qu'on lui expédie un nouveau dossier. Le mois suivant, un notaire communiquait avec l'intervenant et l'informait que l'homme inconnu venait de décéder et léguait à la Maison Oxygène une somme importante, représentant le tiers de sa fortune. Personne n'a jamais rencontré cet homme généreux et discret, mais son legs a permis à l'organisation de créer une réserve pour les coups durs et les projets spéciaux.

Aujourd'hui, la Maison Oxygène reçoit les pères en difficulté avec leurs enfants pour une période moyenne de trois mois. Ceux-ci peuvent ensuite séjourner en externe à la Maison Claude-Hardy pour une période qui dépasse rarement quatre mois. À ce jour, plus de 1 000 individus appartenant à plus de 400 familles ont pu bénéficier de ce service d'hébergement qui reçoit plus de 250 demandes d'aides de toutes sortes par année. Six intervenants y travaillent actuellement et malheureusement, de nombreux pères en difficulté ne peuvent pas y être accueillis, faute de place.

La Maison Oxygène est également devenue une ressource à laquelle les médias font de plus en plus appel lorsque surviennent des drames familiaux et que l'on tente de mieux saisir les causes de ces terribles événements. Au cours des années, des reportages au *Point*, à *Enquête* et dans les différents journaux télévisés ont été diffusés. En 2009, Yvon Lemay, le porte-parole de la Maison, a été interrogé à au moins une dizaine de reprises par les différents réseaux de télévision.

---

1. Le Chic Resto Pop est un restaurant populaire qui fournit des repas à prix modique à plus de 1 300 personnes par jour.

En octobre 2009, la Maison Oxygène célébrera ses vingt ans et plus que jamais, elle ouvre des portes sur l'espoir pour des pères et leurs enfants. Le plus grand rêve de l'équipe de l'établissement? Que d'ici son vingt-cinquième anniversaire, cinq autres maisons du même type ouvrent elles aussi des portes sur l'espoir à des pères en difficulté et leurs enfants.

DIX PÈRES, DIX HISTOIRES

PIERRE
TOUJOURS DEBOUT

> *Je me souviens qu'on venait rester les fins de semaines avec papa à Oxygène. On faisait toutes sortes d'activités avec lui. On est allés à l'Insectarium et au théâtre. On faisait des activités ensemble dans la maison…*
>
> Tristan, 12 ans

Pierre m'a raconté sa vie dans la cuisine de son appartement, situé dans un petit village des Laurentides. J'avais devant moi un homme de 54 ans, fatigué, amaigri, à bout de souffle, mais qui, pendant trois heures, est resté debout pour me relater son histoire. Cet homme, quoi qu'il advienne, reste toujours debout. Il ne dort que deux heures par nuit et il ne vit plus désormais que pour une seule chose : le bien-être de ses enfants.

Pierre a grandi à Montréal dans une famille nombreuse. Son père était son idole, un sportif qui portait fièrement le numéro 9 de Maurice Richard sur son chandail, au hockey comme au baseball. Ce père était une vedette locale. Le fils voulait l'imiter et l'impressionner en portant le même numéro que lui, mais jamais il ne reçut d'affection de sa part. Pas un mot, pas un geste, pas une caresse. La gorge de l'homme de 54 ans se serre encore aujourd'hui lorsqu'il parle de son enfance privée de l'amour de son père.

Pierre réussissait bien à l'école, mais il vivait dans un quartier dur de la métropole et, vers 15 ans, pour se valoriser et s'opposer à son père, il commença à se battre. Une fois, deux fois, puis de plus

en plus régulièrement. Comme il était un leader-né, il se mit ensuite à rassembler des groupes pour aller attaquer d'autres groupes. Il était toujours le premier en avant, toujours fier, toujours debout.

Les batailles de rue se transformèrent progressivement en batailles de clans et les coups de poings en coups de feu. Au début de la vingtaine, Pierre travaillait le jour dans la construction et, le soir, il dirigeait un petit groupe d'hommes lié au crime organisé contrôlant un territoire de Montréal qui s'agrandissait peu à peu.

Pierre était devenu un caïd. Il n'avait peur de rien et sa drogue, c'était le pouvoir. Le pouvoir d'avoir le contrôle sur un groupe d'hommes dangereux et, selon ses propres mots, « d'être encore plus dangereux que les autres ». Le pouvoir aussi d'imposer sa loi à des bandes rivales. Et, bien sûr, le pouvoir de l'argent qui attire les amis et les femmes. Pierre était totalement grisé par cette vie trépidante.

À 27 ans, il eut son premier enfant mais, à 30 ans, il se sépara de la mère dans des circonstances particulièrement pénibles. Il adorait sa première fille et l'adore encore aujourd'hui, bien qu'il ait été peu présent auprès d'elle durant sa minorité.

Pendant 20 ans, Pierre vécut du crime. Il a tout vu. Il a tout fait. On lui a tiré dessus, il a été poignardé, on a même mis des explosifs sous sa voiture, et il a séjourné en prison à plusieurs occasions. Et quand on l'attaquait, toujours il ripostait. Toujours debout.

Pendant toutes ces années, Pierre s'accrochait cependant à une valeur supérieure : la loyauté envers son clan. Il était le « père » de sa bande. Il était prêt à mourir pour ses hommes et croyait que ceux-ci étaient prêts à faire de même. Alors, quand il a été trahi par son meilleur ami, il s'est aperçu que son code d'honneur n'était partagé par personne d'autre que lui-même. Ce jour-là, il abandonna le crime organisé. Il faut dire aussi qu'il venait de tout perdre dans une guerre de gangs particulièrement violente, qu'il n'avait plus rien devant lui et qu'il était épuisé par cette vie de stress incessant pour lui et les siens.

L'homme purgea ensuite une peine de prison de plusieurs années et s'administra une forme d'autothérapie. Il se mit à la lecture de livres de psychologie et commença à se parler, à se regarder dans le blanc des yeux et à se dire ses quatre vérités. Il était intraitable et impitoyable envers lui-même. Quand il sortit de prison, à la fin de la trentaine, il se sentait prêt à commencer une nouvelle vie. Il considérait qu'il avait payé sa dette envers la société et qu'il ne devait plus rien à personne.

Pierre tomba alors amoureux d'une femme, mère de deux enfants. Il voulait refaire sa vie, fonder une famille et s'occuper de plein de petits garçons et de petites filles. Très rapidement, sa compagne devint enceinte et, neuf mois plus tard, Pierre devenait papa pour une deuxième fois. Ce fut un immense bonheur pour lui d'assister à la naissance de son premier garçon et de couper le cordon ombilical. Il avait tellement hâte de cajoler son enfant et de veiller sur lui convenablement.

La nouvelle vie de Pierre se concrétisait donc peu à peu. Le jour, il travaillait à nouveau sur des chantiers de construction mais, le soir, il rentrait à la maison pour veiller sur son bébé. Insomniaque, il ne dormait que deux heures par nuit et le reste du temps, il pouvait prendre soin de l'enfant, changer des couches, bercer le bébé et lui chanter des chansons dont le jeune homme se rappelle encore aujourd'hui… même si le père chante comme une casserole!

Il faut dire que Pierre a un talent naturel avec les enfants. Dès qu'il entre dans une pièce, les petits se précipitent vers lui. Il joue avec eux, se roule par terre, les embrasse, les chatouille et développe presque instantanément des liens de complicité intense avec eux. Les enfants sont la nouvelle drogue de Pierre et ce sont les seuls êtres humains devant lesquels il s'agenouille.

Peu de temps après, la conjointe de Pierre donna naissance à un deuxième garçon. Le couple filait toujours le parfait bonheur. Pierre assurait le « service de nuit », travaillait de jour et sentait que son passé s'éloignait de lui progressivement.

L'année suivante, la mère fit une fausse couche puis, l'année d'après, elle mit au monde un troisième garçon. Pierre garde un souvenir attendri des premiers mois de vie de cet enfant, un bébé joufflu dont il adorait mordre affectueusement les cuisses dodues. Quant il en parle, il rit encore aux éclats. Il était alors un homme et un père comblé.

Sa compagne, cependant, était de plus en plus fatiguée puisque, le jour, elle s'occupait seule des cinq enfants. Ses deux plus vieux entraient dans l'adolescence et les trois plus jeunes étaient âgés de moins de quatre ans. Elle était au bord de l'épuisement. Les coûts pour prendre soin d'une telle famille mettaient aussi de la pression sur le père et la tension s'insinuait lentement dans le couple.

L'année d'après, une fille naquit. Pierre était ravi. Ça l'amusait de « catiner » sa petite dernière. Elle le faisait rire. Il était fier comme un pape de sa nombreuse marmaille, mais sa conjointe était complètement épuisée par les soins donnés aux six enfants. Elle n'en pouvait plus et la relation de couple se détériorait à vue d'œil. La mère décida alors de retourner travailler pour respirer un peu ; dès lors, les conflits devinrent de plus en plus fréquents et de plus en plus sérieux. La séparation semblait maintenant inévitable.

Un jour, finalement, tout explosa. Les conjoints se lancèrent des insultes à la figure et Pierre dut quitter le domicile familial sans ses enfants, qui étaient devenus sa raison de vivre. Il était fou de rage. Son ex-conjointe aussi. Jamais plus ils ne s'adressèrent véritablement la parole et une terrible guerre commença entre eux.

Pierre retourna alors vivre chez ses parents et, pendant six mois, il ne vit aucun de ses quatre enfants. Il était en colère 24 heures sur 24. Il rageait. Il fulminait. Il voyait rouge. Il savait cependant que, avec son passé criminel, s'il commettait un seul geste malheureux, il risquait de ne plus jamais revoir sa fille et ses garçons. Avec difficulté, il ravala donc sa frustration et chercha une solution pendant plusieurs semaines. Finalement, en feuilletant l'annuaire téléphonique, il tomba sur le nom d'un organisme communautaire qui soutient les pères en difficulté : Coopère Rosemont. Il s'y rendit et rencontra un intervenant qui sut comment lui parler.

À cette époque, Pierre ne souhaitait pas suivre une thérapie ni entreprendre quelque démarche d'introspection que ce soit. Il n'avait pas de temps à perdre. Comme bien des pères dans des circonstances semblables, il désirait uniquement revoir ses enfants, et cela, le plus vite possible. L'intervenant lui fit cependant comprendre qu'il avait besoin de faire évaluer sa situation pour démontrer ses aptitudes parentales. On lui suggéra alors de contacter la Maison Oxygène.

En 2006, Pierre entra donc à la Maison dans le seul but de se faire évaluer pour revoir sa fille et ses trois garçons. Il était temps. Sa colère et sa souffrance étaient tellement immenses qu'il se sentait vraiment au bout du rouleau. Il n'en pouvait plus de subir la privation de ses enfants et ressentait une impuissance extrême. Il était sur le point de craquer.

Au début de son séjour, Pierre se sentait vraiment comme en prison. Sa liberté était restreinte et il avait l'impression de « faire du temps ». Il attendait seulement que cela finisse. Cependant, petit à petit, des prises de conscience s'imposèrent à lui tandis qu'il travaillait avec les intervenants. Il comprit, par exemple, qu'il est facile de dire : « J'veux voir mes enfants ! » mais beaucoup plus difficile de faire les gestes nécessaires pour y arriver. Il apprit aussi à écouter les autres, ce qui était nouveau pour lui. Il travailla également à la maîtrise de son caractère bouillant. Et, progressivement, l'homme trouva une nouvelle manière de se tenir debout.

Pierre rencontra ensuite un avocat et démarra les procédures judiciaires. Sur la base d'observations positives de la Maison Oxygène, il obtint le droit de voir ses enfants une fin de semaine sur deux ainsi qu'une semaine en été et une semaine en hiver. Les enfants venaient voir leur père à la Maison et, lentement, la situation s'améliorait.

Quelques mois plus tard, la Cour demanda de nouvelles observations de la part de la Maison Oxygène. Après en avoir pris connaissance, le juge confia la garde complète des quatre enfants à la mère. Pierre se montra abasourdi par cette décision, de même que les intervenants de la Maison, puisque le père veillait convenablement sur sa fille et ses garçons. Il déposa alors immédiatement une demande de révision du jugement, mais elle fut rejetée. Le père était dévasté et, comme son séjour arrivait à son terme, il dut quitter la maison d'hébergement,

Pendant un an, le père ne put donc voir ses enfants que dans le cadre de visites supervisées, c'est-à-dire dans un lieu neutre, en présence d'une tierce personne. Pierre les voyait une heure à toutes les deux semaines. Il trouvait profondément humiliant d'être surveillé, évalué, épié. Il avait l'impression qu'on voulait le diminuer, le rabaisser, le « forcer à se coucher », comme il le dit lui-même. Cependant, jamais il ne manqua une visite. Il ne vivait que pour ces moments qui lui donnaient la force de passer à travers les deux semaines suivantes. Les intervenants de la Maison Oxygène continuèrent à le soutenir au cours de cette période difficile.

Pour sa visite supervisée du temps des fêtes, il prépara un magnifique buffet et se procura une foule de cadeaux pour les enfants. Il dressa une table de banquet et déposa ses présents au pied d'un sapin décoré. Mais, à la dernière minute, la visite fut annulée et il dut partager les victuailles avec l'intervenante. Il ravala sa frustration, encore une fois.

Pierre présenta ensuite une nouvelle demande pour obtenir la garde partagée. Celle-ci fut rejetée. Il lui semblait cependant que ses enfants ne se portaient pas bien et il déposa plusieurs plaintes qui furent, elles aussi, toutes rejetées. Il était à bout de nerfs parce qu'en plus de ne pas voir ses enfants, il était convaincu qu'ils n'étaient pas traités adéquatement.

Finalement, une plainte fut enregistrée par une tierce partie. Cette plainte fut retenue et la garde complète des trois garçons fut confiée au père le 24 avril 2008. La fille demeura avec la mère. Enfin, les enfants étaient de retour dans la vie de Pierre. Celui-ci était épuisé mais soulagé.

Le 1er mai, Pierre loua un appartement à Montréal et accueillit ses trois garçons, âgés de 13, 12 et 10 ans. Comme les écoles des garçons étaient situées dans différentes villes des Laurentides, il dut parcourir plus d'un millier de kilomètres par semaine pour qu'ils puissent terminer leur année scolaire. Malgré cela, le père était toujours au rendez-vous et le directeur d'une des écoles le félicita pour sa ténacité.

Malheureusement, en juin, l'appartement montréalais de la petite famille fut dévalisé et vandalisé. Ils perdirent tous leurs biens de valeur. N'écoutant que son courage, Pierre rebondit et loua un autre appartement, dans les Laurentides cette fois. Il déménagea seul, sans aide, le 1er juillet. Une semaine plus tard, il constata que l'eau entrait dans le nouvel appartement et que les murs étaient remplis de moisissures. Les matelas et plusieurs de leurs effets personnels furent mis à la rue. Le père dut encore une fois repartir à zéro et il déménagea seul, à la mi-juillet, dans un autre appartement dans les Laurentides.

Pierre était alors totalement épuisé. Physiquement et moralement. Il n'en pouvait plus. On aurait dit que le destin s'acharnait sur lui. Depuis qu'il avait la garde de ses garçons, tous les éléments se déchaînaient pour l'empêcher de veiller sur eux. Il était vraiment à bout. Il était près de tomber, lui, l'homme qui s'était toujours tenu debout. Un jour, il marcha même jusqu'à la croix du Sacré-Cœur, située au centre de son village, et s'adressa ainsi, les yeux dans les yeux, au Christ en croix : « Faut qu'ça arrête ! J'crois en toi mais… arrête de m'tester ! J'EN PEUX PUS ! »

Heureusement, ensuite, la situation s'est stabilisée. En septembre dernier, ses fils ont repris l'école. Ils vont bien et le père est heureux de veiller sur eux à temps plein. Il s'ennuie de sa plus jeune fille, mais respecte la décision du tribunal. Il maintient aussi le contact avec sa fille plus âgée, qui l'a récemment rendu grand-père, pour sa plus grande joie. Pierre est toujours sous la surveillance de la Direction de la protection de la jeunesse mais, dans les prochains mois, il espère retourner en Cour et obtenir que la DPJ se retire du dossier.

Pierre est aujourd'hui un homme fatigué. Malgré sa force de caractère et son amour inébranlable pour ses enfants, j'ai bien senti que toutes ces procédures et tous ces retournements de situation l'ont accablé et affaibli. L'argent est aussi un souci constant pour lui. Un employé de la fourrière est venu chercher sa fourgonnette pendant que j'étais présent et il s'apprêtait à vendre certains de ses outils pour payer ses comptes. Un de ses garçons est cependant venu dîner et j'ai vu Pierre se transformer à son arrivée. Ses yeux se sont allumés. Il est devenu joueur, blagueur, complice de son fils, et il a préparé un repas pour lui et un copain qui l'accompagnait. Lorsque nous nous sommes retrouvés seuls, le père m'a montré un petit mot écrit par son garçon: «Je t'aime, papa!» Il était fier comme un paon.

Pierre a tout simplement besoin, aujourd'hui, d'un peu de paix et de soutien pour continuer à veiller sur ses trois garçons, qui sont désormais sa seule raison de vivre. Toutes ses actions, toutes ses pensées sont tournées vers ses enfants. C'est pour eux qu'il se lève le matin, qu'il affronte le quotidien et qu'il a livré tous ces combats au cours des dernières années. C'est pour eux aussi qu'il se tient, et se tiendra le plus longtemps possible, encore et toujours debout.

DENIS
LE DON DE SE RELEVER

> *Je sais maintenant que ça lui a pris du courage pour demander de l'aide, mais ça l'a rendu plus sécure sur sa capacité de me garder avec lui comme père monoparental.*
>
> Sarah, 20 ans, mère d'un petit garçon de 16 mois

Denis me fait un peu penser à l'humoriste Daniel Lemire. Par ses gestes, sa voix et surtout par son rire communicatif. L'homme de 41 ans possède un remarquable sens de l'humour et dispose, en plus, de la capacité de s'adapter aux évènements difficiles sans trop se laisser démonter. Comme son beau-père le dit, il possède vraiment « le don de se relever ».

Denis est le dixième d'une famille de 12 enfants. Dans cette famille nombreuse, il a rapidement appris à se débrouiller, puisque son père est décédé lorsqu'il avait sept ans et que sa mère a dû, seule, prendre soin de toute la tribu. Quelques années plus tard, elle s'est remariée et le beau-père de Denis est devenu une figure masculine significative pour lui. Il considère avoir vécu une enfance heureuse et très bien encadrée. Pour lui, sa mère est une sainte.

Denis est « un p'tit vite », comme on dit. Il a toujours bien réussi à l'école, possède toujours une solution à tous les problèmes et il est presque toujours capable de s'adapter aux revirements de situations. Il est aussi un « p'tit vite » avec les filles… puisqu'à 14 ans, il s'est fait une blonde de 18 ans qui est tombée enceinte quelques mois plus tard.

Pour eux, l'avortement n'était pas une option. N'écoutant que leur courage, ils accueillirent le petit Claude dans leur vie alors que Denis n'avait que 15 ans. Toute la semaine, le père allait à l'école. La fin de semaine, il travaillait dans un dépanneur et remettait tout son argent à la mère de l'enfant. Il ne voyait donc son bébé que quelques heures le samedi et le dimanche soirs.

Pendant un an, Denis mena ce train de vie extrêmement exigeant pour un adolescent, mais ses valeurs et l'amour de son enfant lui donnèrent la force de ne pas abandonner. De bons professeurs surent aussi le soutenir… et le laissèrent dormir plusieurs fois au fond de la classe !

L'année suivante, n'en pouvant plus, il dénicha un boulot dans un restaurant et se mit à travailler à temps plein. Il emménagea avec la mère de l'enfant et, de 16 à 18 ans, il vécut une vie d'adulte avec sa conjointe. C'était, bien sûr, excitant de vivre comme des grands, mais le couple traversait régulièrement des hauts et des bas. Denis se sentait souvent déchiré entre son enfant et sa conjointe.

Finalement, lorsque le père eut atteint sa majorité, les parents se séparèrent. Denis ne voyait plus son petit garçon qu'une fois par semaine et, chaque fois, l'enfant était malheureux, pleurait, criait, parce que son père et sa mère se disputaient continuellement. Pour la stabilité de l'enfant, Denis décida, deux ans plus tard et la mort dans l'âme, de couper les ponts avec lui. Pour son bien.

À cette époque, il travaillait toujours au même restaurant, recevait pas mal d'argent grâce à son salaire et ses pourboires, menait une belle vie de jeune adulte, sortait, consommait un peu et profitait de la vie. Un jour, alors qu'il cherchait à embaucher une nouvelle serveuse, il rencontra une belle jeune femme dont il tomba immédiatement amoureux. Il l'engagea sur-le-champ et, trois mois plus tard, elle tombait enceinte.

Pour Denis, l'avortement n'était toujours pas envisageable et il assuma entièrement ses responsabilités de père. Il avait confiance en la vie et croyait pouvoir veiller sur son deuxième enfant. Il arrêta alors de consommer alcool et drogues et se prépara à accueillir le bébé. Sa conjointe, par contre, était malheureuse et avait de la difficulté à s'imaginer en tant que mère.

La naissance de la petite Sarah réjouit donc son père mais désespéra sa mère. Le couple s'entre-déchirait constamment et, sept mois plus tard, les parents se séparèrent avec fracas. Peu de temps après, il s'avéra que la mère ne souhaitait plus prendre soin de l'enfant. Dans l'année qui suivit, elle ne visita sa fille que deux fois et, l'année suivante, elle n'eut aucun contact avec elle.

À 21 ans, Denis était devenu un père monoparental. Ce fut un énorme choc pour lui, même s'il adorait sa fille. Il retourna demeurer chez sa mère, qui l'accueillit à bras ouverts et lui permit de retomber sur ses pattes. Cependant, pour ne pas abuser de sa générosité, il repartit vivre seul en appartement avec sa fille dès l'année suivante. Et là, ce fut vraiment difficile. Il dut abandonner son travail au restaurant pour s'occuper à temps plein de la petite. Son seul revenu était l'aide sociale, puisque c'était sa conjointe qui recevait les allocations familiales. Mais surtout, il se sentait isolé et incompétent.

Découragé, convaincu qu'il n'était pas naturel qu'un père s'occupe seul de sa fille, il rencontra un travailleur social à qui il confia son inquiétude et son abattement. À sa grande surprise, l'intervenant lui dit qu'un père pouvait très bien veiller seul sur un enfant, même une fille, et qu'être parent, c'était cela: s'occuper de ses petits quoi qu'il advienne. Cela lui fit un bien énorme, mais il avait toujours un urgent besoin de soutien.

Le jour des deux ans de Sarah, sans le sou, frustré, il fit une grosse bêtise: il vola 1 500 dollars pour acheter des cadeaux à sa fille, des vêtements, des meubles, enfin, tout ce dont elle manquait. Il se fit presque immédiatement arrêter et fut condamné à deux ans de probation. Il regrette encore aujourd'hui ce geste malheureux, qui lui ouvrit cependant les yeux sur l'étendue de ses besoins.

Denis puisa alors dans ses réserves pour rebondir et se mit en « mode solution ». Il avait besoin d'aide, mais ne savait pas où aller en chercher. Une connaissance lui parla du Carrefour Familial Hochelaga et il décida de s'y diriger. La première fois, il passa tout droit. La deuxième aussi. En fait, pendant deux jours, il tourna autour de l'édifice sans oser y entrer. Finalement, il monta les marches de l'établissement, puis les redescendit aussitôt et retourna chez lui. Demander de l'aide était, pour lui, un signe de faiblesse. De plus, il se demandait vraiment comment un père monoparental serait accueilli dans un organisme familial où, sûrement, il n'y aurait que des mères. Finalement, il se « botta le derrière », monta l'escalier, poussa la porte et rencontra Pauline, une intervenante qui l'écouta pendant deux heures. Autant il fut difficile pour lui d'entrer dans cet organisme communautaire, autant il lui fut facile de se confier à quelqu'un qui l'écoutait vraiment. Il ressentit alors un gigantesque soulagement.

Denis suivit ensuite des cours pour renforcer ses habiletés parentales. Comme il le craignait, il était le seul homme entouré de douze femmes. Cela le rendait profondément mal à l'aise, puisqu'il était absolument convaincu que les mères, d'instinct, possédaient tous les trucs pour s'occuper des enfants. Quelle ne fut pas sa surprise de constater que, comme lui, les mères doutaient parfois, étaient hésitantes ou se trompaient. Un jour, il donna même un conseil à une mère, qui le remercia. Cela le stupéfia et ce fut une véritable révélation pour lui car il comprit qu'un homme pouvait être un aussi bon parent qu'une femme.

Le père, qui veillait toujours sur sa fille à plein temps, s'impliqua ensuite activement au Carrefour Familial Hochelaga, où il trouvait du soutien, de l'aide et presqu'une famille pour lui et son enfant. Il donnait un coup de main un peu partout. Il aimait particulièrement faire du bénévolat à la garderie et s'occuper des bébés, dont le sourire le ravissait.

Malheureusement, sa situation financière était encore difficile, puisqu'il ne recevait toujours pas les allocations familiales. Au bord de la faillite, Denis décida de faire une demande pour être hébergé à la Maison Oxygène et, en février 1992, il entrait dans cet établissement. Ce fut un séjour extrêmement agréable pour lui. Sa situation financière se stabilisait progressivement. Sa fille profitait d'un beau milieu de vie. Il était appuyé par les intervenants. Il pouvait partager ses expériences avec les autres pères et, au cours de ce séjour, il prit conscience du fait que ses difficultés étaient moins importantes que celles d'autres résidants. Il se sentait donc privilégié, d'une certaine manière. Il gagna aussi de la confiance en lui et découvrit finalement qu'il avait le goût d'aider les autres pour redonner un peu de ce qu'il recevait.

Fort de tous ces constats et ayant réglé son problème d'allocations familiales, Denis sortit de la Maison Oxygène après quatre mois et se trouva un appartement en colocation. Il continua de s'impliquer activement au Carrefour Familial Hochelaga et devint même président du conseil d'administration. Quand il voyait un père en difficulté entrer dans l'organisme communautaire ou même, comme lui, tourner autour de la porte, il allait tout naturellement le voir et trouvait les bons mots pour s'adresser à lui, puisqu'il était déjà passé par là.

C'est aussi grâce au Carrefour Familial Hochelaga qu'il rencontra Lucie, la femme de sa vie. Dès qu'ils se virent, ils se sentirent attirés l'un vers l'autre. Son amour des enfants et son sens de l'humour plurent immédiatement à Lucie, tandis que la bonté et la droiture de la femme séduisirent instantanément Denis. C'est même elle qui fit les premiers pas en lui prenant la main lors de la projection d'un documentaire sur les hommes dans lequel il était interviewé. La femme était convaincue qu'elle venait de rencontrer le grand amour.

Au début, Denis fut déstabilisé. Il n'était pas habitué à une relation aussi stable et paisible. Il se méfiait. Il se protégeait. Il attendait les problèmes, les crises et les déchirements… mais ils ne vinrent pas. Peu à peu, il se détendit et se laissa aller à profiter tout simplement de son bonheur présent. Quelques mois plus tard, Lucie tombait enceinte mais, pour la première fois de la vie de Denis, la grossesse de sa conjointe se déroula dans l'harmonie. Ils se jurèrent cependant que si jamais ils devaient se séparer, ils laisseraient les enfants choisir avec qui ils voudraient vivre.

En 1994, Myriam naquit. Denis fut impressionné par cette naissance, puisque le bébé sortit d'un seul coup et, selon ses propres mots, «plongea dans la vie dans une explosion de liquides!» Cette manière de venir au monde était prémonitoire, puisque la petite fille est une fonceuse et continue à plonger dans l'existence encore aujourd'hui. À leur sortie de l'hôpital, Denis et Lucie vinrent présenter le bébé au personnel du Carrefour Familial Hochelaga, puisque c'était grâce à cet organisme que le bébé avait vu le jour.

Pour Denis, Lucie était la mère idéale et il croyait aussi être un père «pas trop mal». Dans ce contexte, le couple décida d'avoir un deuxième enfant et, en 1996, Danny se joignit à la famille. Les parents étaient comblés. De plus, Claude, le fils aîné de Denis, reprit contact avec son père alors qu'il avait douze ans et, depuis ce temps, ils se voient régulièrement.

À 27 ans, Denis était donc l'heureux père de trois enfants âgés de 12 ans, 8 ans, 2 ans et d'un bébé de quelques mois. Il reprit finalement le travail lorsque Sarah entra à l'école, mais la famille crut bon de quitter Hochelaga-Maisonneuve pour aller vivre à Saint-Jérôme, puisqu'une guerre de motards meurtrière sévissait alors dans le quartier montréalais.

Denis trouva ensuite un boulot comme intervenant dans un organisme communautaire Famille. Deux ans plus tard, il commença à travailler comme poseur de céramique, puis se retrouva finalement sans emploi en 2000. Profitant de cette situation, la famille quitta Saint-Jérôme pour aller vivre à Thetford Mines, près de la famille de Lucie, qui les a toujours soutenus moralement et financièrement.

Denis œuvra alors pendant deux ans comme intervenant à la Maison Domrémy, auprès des toxicomanes, puis pendant quelques mois dans un organisme offrant de l'aide aux personnes souffrant de problèmes de santé mentale. Il devint ensuite gérant du département des fruits et légumes dans un supermarché, revint travailler dans le secteur communautaire pendant deux ans, puis retourna dans un autre supermarché, comme gérant du même département.

Aujourd'hui, Denis travaille dans une boulangerie depuis un an et demi et, l'an dernier, il a eu 40 ans. Ses enfants sont maintenant âgés de 24, 20, 14 et 12 ans. Tous font leur chemin, chacun à sa façon, et l'engagement profond du père a été déterminant dans leur développement. Denis a l'impression qu'il est finalement devenu un homme après s'être attardé un peu trop longtemps dans l'adolescence. Il s'est marié l'an dernier avec Lucie, pour sceller son engagement envers cette femme qui lui a tant apporté.

Bien sûr, la vie n'est pas toujours facile et ses nombreux changements d'emploi ont causé pas mal de stress financier à sa famille. Cependant, il a toujours su garder espoir et, jusqu'à maintenant, il a réussi à naviguer à travers toutes ces embûches grâce à son sens inné de l'adaptation.

Denis n'échangerait pas sa vie avec celle de personne. Il aime à dire que c'est grâce à ses enfants qu'il a autant grandi et qu'il est devenu un meilleur père. Il est même devenu grand-père et il est fier de la manière dont sa fille la plus âgée, Sarah, veille sur son petit-fils. Il est très fier aussi de ce qu'il a réussi à accomplir avec ses propres enfants.

Et l'avenir? Denis a affronté les épreuves en vivant au jour le jour et il compte bien continuer à vivre ainsi, même s'il a appris à être un peu plus prévoyant. Il aime maintenant faire des projets, mais il sait très bien qu'ils ne se réaliseront peut-être pas, puisque la vie est remplie de surprises. Cela ne l'empêche cependant pas de rêver puisque comme il le dit en riant: «Pour avoir une Volkswagen, faut rêver d'une Cadillac!»

CLAUDE
UN IMMENSE BESOIN D'AMOUR

La Maison Oxygène, ça nous a permis de refaire notre vie, de repartir à zéro. Mon père a changé ses attitudes, sa volonté. C'est un nouvel homme, je l'ai remarqué.

Jessey, 13 ans

Malgré le fait que je lui aie fait de grosses peines, je suis contente que mon père ait accepté de me reprendre avec lui.

Stacey, 12 ans

Claude a besoin d'amour. Comme nous tous. Un grand besoin d'amour. Il aurait seulement eu besoin que son père et sa mère l'aiment, que sa sœur et son frère l'aiment aussi, que la mère de ses enfants soit amoureuse de lui, et que lui-même arrive tout simplement à chérir son fils et sa fille. Mais ce n'est pas ce qui est arrivé. Alors aujourd'hui, l'homme a un grand trou dans le cœur et son besoin d'amour est plus immense que jamais.

Claude a grandi dans une famille dont les parents étaient séparés, avec une sœur un peu plus vieille que lui et un frère un peu plus jeune. Très tôt, il a connu l'instabilité, l'insécurité et la maltraitance. Il dit que sa mère ne l'a jamais aimé et que son père ne s'est jamais vraiment occupé de lui.

À cinq ans, alors qu'il traversait la rue avec son frère et sa sœur pour aller acheter des *popsicles* au dépanneur, une voiture faucha la petite fille qui, à la dernière seconde, réussit tout de même à repousser les deux garçons, leur sauvant ainsi la vie. Elle, cependant, n'eut pas cette chance et succomba rapidement à ses blessures.

Ce fut un choc terrible pour Claude. Une première grande perte. La prise de conscience terrifiante du fait que les gens qu'on aime ne sont pas éternels. Ce fut d'autant plus foudroyant pour lui que sa mère l'accusa immédiatement d'être responsable de la tragédie. Les remords, les regrets, la culpabilité s'installèrent alors dans le cœur et l'âme du petit garçon.

Pendant leurs études à l'école primaire, Claude et son frère changèrent d'école à d'innombrables reprises. Alternant entre des écoles françaises près de la résidence de la mère et des écoles anglaises dans l'environnement du père, ils ne s'intégrèrent jamais vraiment à aucune des deux cultures. Pour les anglophones, ils étaient des « maudits *frogs* » et pour les francophones, des « maudits *blokes* ». Ils furent donc humiliés partout où ils passèrent.

La seule stabilité émotive de Claude, c'était son jeune frère. Pour lui, il aurait fait n'importe quoi. Il l'adorait, puisqu'il était toute sa famille. Il n'hésita donc jamais à le protéger lorsque la nouvelle conjointe de son père s'en prenait à lui. À plusieurs occasions, il s'interposa lorsqu'elle le frappait et reçut de nombreuses « volées » pour avoir osé défier l'autorité de sa belle-mère.

À huit ans, Claude était complètement désespéré de cette vie de maltraitance et de négligence. Il se souvient même d'être allé à l'église et d'avoir craché sur le crucifix en disant à Jésus : « T'es pas correct ! » L'enfant grandissait donc dans un environnement complètement dysfonctionnel et se construisait vraiment « tout croche ».

À 12 ans, n'en pouvant plus, il se sauva de chez son père pour aller vivre chez sa mère. Comme ce n'était pas vraiment mieux, il fugua ensuite dans le but de s'installer chez des amis, mais il fut alors poursuivi par les policiers. Cette escapade ne dura que quelques jours et les forces de l'ordre le ramenèrent finalement chez son père, où les mauvais traitements se poursuivirent.

À 13 ans, Claude se fit une petite blonde et, contre toute attente, les parents de la jeune fille acceptèrent que l'adolescent demeure avec eux pendant quatre ans. Ce fut la plus belle période de sa vie. L'homme m'a confié : « Si j'suis encore en vie, c'est grâce à eux. » Les larmes lui montent d'ailleurs aux yeux lorsqu'il parle de cette époque car pendant ces quatre ans, il connut une vie normale d'adolescent. Des soupers de famille sans dispute, des sorties, de l'amour et du respect. C'est là qu'il apprit à veiller sur des enfants.

Lorsque Claude eut 17 ans, le jeune couple se sépara et Claude se retrouva à la rue sans aucun soutien. Il dormit à la Maison du père et dans d'autres refuges pour itinérants, se prostitua pour survivre et erra pendant plus d'un an en consommant de plus en plus pour tenter d'apaiser sa souffrance.

À 18 ans, en quête d'un peu amour, il eut une relation sexuelle avec une femme qui ne voulait pas d'enfants. Elle disparut ensuite de sa vie pendant six mois. Lorsqu'elle réapparut, c'était pour lui apprendre qu'elle était enceinte de lui. Même si leur relation était complètement désaxée et qu'ils se disputaient continuellement, Claude décida d'assumer sa paternité. Bien sûr, il n'était pas prêt et il le savait, mais il espérait que l'arrivée de l'enfant lui procurerait enfin quelque chose comme un foyer et lui donnerait la force de remettre de l'ordre dans sa vie.

À la naissance de Jessey, son premier enfant, il ressentit un immense coup de cœur. Un appel très fort. Tout son être lui disait qu'il devait faire l'impossible pour que son garçon puisse vivre une vie meilleure que la sienne. Il trouva alors rapidement du travail pour voir aux besoins du ménage, mais sa conjointe décida tout de même qu'il ne devait pas être reconnu comme père. Claude, dont l'estime personnelle était au plus bas, n'osa pas s'opposer à cette situation, de peur de perdre contact avec la mère et l'enfant.

La relation avec sa conjointe était complètement dysfonctionnelle, instable, délirante. De plus, comme il n'était pas officiellement le père, il était entièrement à la merci de la mère, qui le manipulait avec son attachement pour son bébé. À cette époque, Claude n'avait pas la clé de son appartement, son nom n'était pas inscrit sur le bail, ni sur aucun autre document, pour éviter que les prestations gouvernementales reçues par la mère ne soient diminuées. Il n'existait donc pas, ni comme père, ni comme conjoint.

Claude remettait néanmoins la majeure partie de sa paye à sa conjointe. Il travaillait très fort et, comme il était valorisé au boulot, il adorait ces heures où on le traitait avec respect et reconnaissance. Quand il rentrait, cependant, c'était l'enfer. Sa conjointe le trompa à plusieurs reprises, sous son toit, alors qu'il était présent. Il arrivait même qu'elle ne le laisse pas entrer dans l'appartement alors que c'est lui qui payait le loyer. Et s'il s'opposait à ses décisions, elle le frappait.

Claude acceptait tout, tête baissée. Habitué à vivre dans une famille dysfonctionnelle, sans aucune confiance en lui, ne sachant pas quoi faire ni où s'enfuir, il se laissait rabaisser et humilier continuellement.

Claude se souvient comme si c'était hier du jour où il a présenté son fils à son père. Il se disait que si son père ne l'aimait pas, il pourrait peut-être au moins aimer son enfant. De cette façon, il espérait se rapprocher de son paternel et mettre un peu de baume sur ses blessures d'enfance encore à vif. Les sanglots dans la gorge, Claude m'a raconté ce que son père lui a dit au sujet de Jessey : « Ça s'ra jamais mon p'tit fils ! » Cette terrible réplique le bouleverse encore aujourd'hui ; et, à ce moment, il a senti tous ses rêves de réconciliation familiale s'effondrer. Pour lui, c'était un peu « comme quand le Titanic a coulé »…

Un an plus tard, sa fille Stacey voyait le jour. Cette fois encore, il ne fut pas reconnu comme père. Constamment humilié, il se sentait un peu comme un fantôme dans la vie de sa propre famille. Un soir, il dut même briser le carreau d'une fenêtre pour entrer chez lui.

Comme la situation était totalement instable, le ménage fuyait régulièrement, déménageant souvent de nuit, pour ne pas payer le loyer. La violence envers Claude se poursuivait. À plusieurs reprises, il dut mentir à son employeur pour expliquer ses contusions au visage. Et quand les voisins appelaient la police en entendant le couple se disputer, c'était toujours l'homme qui était arrêté. La honte l'envahissait mais il accepta tout pendant plusieurs années encore, de peur d'être séparé de ses enfants ou que ceux-ci soient placés en institution.

Finalement, sur le point de craquer, Claude s'engagea dans une première thérapie intensive alors que ses enfants étaient âgés de quatre et cinq ans. Il avait alors d'énormes problèmes de consommation de drogue et, au cours de ce séjour, il prit conscience de sa dépendance affective et de son manque total de confiance en lui. Pour se faire aimer, il était littéralement prêt à tout. Comme il ne se considérait pas aimable, il se croyait privilégié de recevoir quelques miettes d'amour.

Après six mois, il sortit du centre de thérapie, mais tout redevint immédiatement comme avant, parce qu'il avait toujours peur de sa conjointe, peur aussi de la vie sans elle, et surtout, peur de ne plus voir Jessey et Stacey. Pour lui, sa conjointe était la seule femme qui existait. Il n'y avait donc pas d'autre choix et il était complètement soumis à son autorité. Pendant deux ans, le calvaire se poursuivit. La thérapie, hélas, n'avait pas réussi à lui donner la force de surmonter sa dépendance.

Lorsque ses enfants eurent sept et huit ans, il entreprit une deuxième thérapie, qui lui fut un peu plus profitable. Pendant les cinq premières semaines, toutefois, il demeura fermé comme une huître et ne prononça pas un seul mot pendant les séances de groupe. Il s'assoyait tout simplement, les bras croisés, en attendant que cela finisse et en espérant qu'on l'oublie. Un jour, l'intervenant décida de le provoquer. Il l'interpella en lui disant qu'il était comme une bombe et que, s'il explosait, il pourrait être vraiment dangereux, étant donné qu'il ne s'exprimait jamais. Claude ne réagit pas. L'intervenant renchérit en lui demandant s'il avait le goût de faire quelque chose pour voir ses enfants ou s'il préférait rester là à bouder comme un bébé. L'homme explosa finalement et, pendant plus d'une heure, laissa sortir sa colère et sa frustration. Jusqu'à épuise-ment. Enfin, il était entré en relation avec ce qui le faisait souffrir.

Il travailla ensuite sur l'immense culpabilité qu'il portait toujours quant à la mort de sa sœur. Il se détestait, se haïssait, se méprisait encore de ne pas l'avoir sauvée. À force d'exprimer ce qu'il ressentait, Claude réussit néanmoins à se pardonner et à reconnaître qu'un enfant de cinq ans ne pouvait être tenu responsable d'un tel acci-dent. Ce fut un soulagement énorme pour lui.

Après trois mois, il quitta le centre de thérapie et retourna vivre avec la mère de ses enfants. Encore une fois, tout redevint comme avant. Le chantage, la manipulation, l'humiliation, rien ne changeait, et Claude se sentait complètement impuissant. Son seul bonheur, c'était le contact avec son garçon et sa fille. C'étaient eux qui lui donnaient la force de continuer et de ne pas mettre fin à ses jours. Pendant deux autres années, le calvaire se poursuivit.

Lorsque les enfants eurent 9 et 10 ans, Claude entreprit une troisième thérapie fermée, qui dura six mois. Ce fut lors de ce séjour qu'il réalisa ses plus grandes prises de conscience. Il apprit à nom-mer ses valeurs, il accepta la dure réalité de son parcours et décida de tenter de ne plus être une victime. Il devait maintenant sortir de ses rôles de protecteur et de sauveur pour devenir tout simplement lui-même : un être humain avec des forces et des faiblesses. La foi eut aussi un rôle important à jouer dans ce cheminement. Claude se sentait finalement devenir un homme.

À sa sortie du centre, il décida de mettre de l'ordre dans sa vie. Il rencontra un avocat afin que sa paternité soit reconnue et qu'il puisse enfin librement avoir accès à ses enfants. Il ne voulait plus être humilié et souhaitait que cessent le chantage et la manipulation. Surtout, il se sentait fort parce qu'il était investi d'une mission : veiller sur le bien-être de ses enfants, qui vivaient alors une exis-tence misérable.

Malheureusement, c'est à cette époque que le frère de Claude fut battu en prison et qu'on le laissa presque sans vie sur le plancher de sa cellule. Les deux hommes ne s'étaient pas vus depuis de nombreuses années, puisqu'ils étaient brouillés depuis longtemps. Cette nouvelle porta tout de même un autre terrible coup à Claude, puisque son frère était la seule personne de sa famille envers laquelle il ressentait encore une certaine forme d'attachement. À l'hôpital, une dispute éclata lorsque vint le temps de donner l'autorisation de débrancher son frère, de qui on avait constaté la mort cérébrale. Ni le père, ni la mère ne voulurent se commettre. C'est finalement Claude qui signa les papiers, par amour pour celui qu'il avait protégé dans sa jeunesse. Pendant que sa tombe était mise en terre, une nouvelle dispute familiale éclata et la cérémonie se termina dans une bagarre générale. Le chaos se poursuivait, comme toujours. Claude jura cependant à son frère décédé qu'il ferait quelque chose de sa vie. Il lui demanda alors de l'accompagner dans son cheminement.

Fort de ce serment, Claude mit alors son·plan à exécution et entreprit des démarches juridiques pour obtenir sa reconnaissance de paternité. Son ex-conjointe le menaça immédiatement. Lorsqu'il la revit, elle tenta de le frapper mais, pour la première fois de sa vie, il arrêta son bras et lui dit ce qu'il avait sur le cœur. Cela dura une dizaine de minutes et lui enleva «une tonne de briques» des épaules. Il rencontra aussi un travailleur social pour continuer à travailler sur lui-même. Il appliquait maintenant la maxime qu'il avait apprise en thérapie : «Ce à quoi tu fais face s'efface, ce que tu fuis te suit!»

Un jour, son ex-conjointe décida néanmoins de riposter et Claude fut attaqué par deux hommes, qui le passèrent à tabac après l'avoir attaché sur une chaise. Il séjourna ensuite pendant près d'une semaine à l'hôpital. Toutes ses bonnes résolutions fondirent alors et la peur revint s'installer dans son cœur. Il interrompit toutes ses démarches juridiques, résida chez un ami, puis un autre, reprit sa consommation d'alcool et de drogues et ne vit plus ses enfants pendant plusieurs mois. Il réussit finalement à se ressaisir un peu, reprit le travail et se trouva un nouveau logement.

Un soir, sans aucun avertissement, son fils de 12 ans débarqua chez lui en pleurant. Il n'avait pas mangé depuis trois jours et voulait demeurer avec lui. Comme Claude venait tout juste d'emménager, il n'avait presque pas de meubles. Peu importe : il accueillit son enfant, bien décidé à lui donner un foyer respectable dès que possible. Le lendemain, sa fille arrivait, elle aussi sans avoir mangé depuis plusieurs jours et sans être allée à l'école depuis une semaine. Le père dénicha des sacs de couchage et l'accueillit elle aussi. Il était heureux, se sentait valorisé et privilégié de recevoir enfin l'amour de ses enfants.

La semaine suivante, il les envoya à l'école, bien décidé à trouver une solution pour meubler son appartement. Ce jour-là, un petit miracle se produisit : le voisin d'en face quitta son appartement pour une résidence de personnes âgées et laissa tous ses meubles sur le trottoir. Le père obtint donc, comme par magie, tout ce dont il avait besoin pour meubler son appartement et veiller convenablement sur ses enfants. Il y avait même, à sa plus grande joie, un cendrier des Canadiens de Montréal ! Il remercia son frère décédé qui, croyait-il, avait joué un rôle dans cette apparition miraculeuse.

Pendant trois semaines, Claude vécut en paix avec ses enfants. Le rêve ! Il était enfin un vrai père et la vie était simple, sans chantage et sans manipulation. Mais un jour, les policiers cognèrent à sa porte et revinrent chercher les enfants en pleurs pour les ramener chez leur mère. Comme la paternité de l'homme n'était toujours pas reconnue, il n'avait aucun droit et dut, sans rien dire, laisser partir ses enfants éplorés.

C'est à cette époque que Claude entra à la Maison Oxygène, à la suggestion de son travailleur social. Même si ses enfants ne résidaient pas avec lui, il fut reçu comme les autres pères afin d'être épaulé pendant cette période difficile. À peine quelques jours après son arrivée, son fils s'enfuit à nouveau de chez sa mère et vint le visiter à la Maison. Le garçon souhaitait que son père reprenne ses démarches juridiques et lui annonça qu'il était prêt à le soutenir dans ce processus. Cet appui renforça le père dans ses résolutions et il abandonna son travail pour se consacrer à temps plein à sa mission. Claude contacta alors un nouvel avocat et relança les procédures.

Après trois mois de démarches, Claude dut quitter la Maison Oxygène et dénicha un appartement dont il payait difficilement le loyer avec ses allocations d'aide sociale. Souvent, il ne mangeait pas. Il perdit finalement cet appartement et, en 2007, il revint à la Maison. Bien sûr, ce n'était pas toujours facile de séjourner en promiscuité avec les autres pères et souvent, il se demandait ce qu'il faisait là sans ses enfants. Il reconnaît néanmoins avoir reçu beaucoup d'aide, de soutien et de valorisation. Son deuxième séjour à la Maison s'écoula trop rapidement au goût de Claude, puisque ses problèmes familiaux n'étaient toujours pas réglés. À sa sortie, il se mit en quête d'un nouvel appartement.

Comme les démarches juridiques ne donnaient aucun résultat et qu'il ne voyait pratiquement jamais ses enfants, Claude connut alors une nouvelle période de découragement. Il était totalement abattu et baissa les bras une autre fois. Il se remit aussi à consommer puisqu'il ne voyait pas de lumière au bout de son tunnel.

Un retournement de situation totalement imprévu survint alors: la mère décida de ne plus s'occuper des enfants, maintenant âgés de 12 et 13 ans. Elle signa un document par lequel elle accordait la garde temporaire du frère et de la sœur à Claude. Ce dernier, fort de cette entente, put enfin faire réaliser les tests d'ADN qui confirmèrent sa paternité.

En 2008, pour une troisième fois, Claude fut accueilli à la Maison Oxygène mais, cette fois-ci, avec Jessey et Stacey. Le tribunal accorda aussi officiellement une garde partagée aux deux parents et, pendant les procédures, la mère ne se présenta qu'une seule fois sur quinze. Tout semblait donc sur le point de se résoudre pour le père et ses enfants.

Après trois mois de séjour, Claude quitta une nouvelle fois la Maison Oxygène et tenta de faire vivre ses enfants avec son seul chèque d'aide sociale, sans pouvoir profiter des allocations familiales, qui étaient toujours versées à la mère. Pendant plusieurs mois, Claude vécut dans la misère et quand, finalement, juste avant Noël, il reçut sa part des allocations familiales, il décida, plutôt que de régler ses dettes, d'offrir à ses enfants le plus beau Noël de leur vie. Ce fut un temps des fêtes merveilleux. Rien n'était trop beau pour se consoler des souffrances accumulées. Toutefois, en janvier, Claude était sans le sou et se retrouva à la rue avec ses enfants.

En janvier 2009, il dut se résigner à retourner vivre chez sa mère avec ses deux enfants. La tension était constante. Une semaine avant ma rencontre avec Claude, une dispute éclata et la famille fut de nouveau sans logis. N'écoutant que son courage, il dénicha une pension pour son fils et sa fille puis entra en contact avec une connaissance qui pouvait l'accueillir pendant quelques jours.

Les frais reliés à la pension des enfants étaient cependant trop élevés pour ses moyens financiers et il ne savait plus quoi faire. Surtout, il avait peur de perdre la garde de Jessey et Stacey. Quelques jours après notre entrevue, le tribunal devait se pencher sur le dossier. Le rêve de Claude, aujourd'hui : obtenir un logement dans une Habitation à loyer modique (HLM) pour réussir à boucler son budget… mais il sait très bien que les listes d'attente sont extrêmement longues.

Lors de l'entrevue, j'avais donc devant moi un homme à fleur de peau, qui a pleuré plusieurs fois en me parlant de sa vie, qui a souri souvent aussi en me parlant de ses enfants, et ressenti de grands malaises en me livrant les moments les plus pénibles de son existence. À la fin de la rencontre, il a tenu pourtant à me préciser que c'était un grand cadeau pour lui de pouvoir me raconter son histoire pour, peut-être, aider d'autres pères en difficulté. Il a aussi insisté pour dire à quel point la Maison Oxygène avait été importante pour lui. Il souhaiterait qu'il y ait plus de maisons comme celle-là pour aider les hommes en détresse et il faudrait à son avis que les séjours soient d'une plus longue durée. Si la Maison Oxygène n'avait pas été là, il croit qu'il ne serait plus de ce monde.

Le seul projet de Claude, actuellement: vivre simplement au quotidien avec ses enfants, les élever du mieux qu'il peut, retourner travailler et, surtout, leur donner de l'amour et en recevoir en retour. Il en a tellement besoin. Il en a tellement manqué. Mais tout cela n'est pas simple dans sa situation et, pour ne pas perdre espoir, il se remémore chaque jour la fameuse prière de la sérénité qui lui donne la force et le courage de ne pas tout laisser tomber:

Mon Dieu,
Donnez-moi la sérénité d'accepter les choses
que je ne peux changer,
Le courage de changer les choses que je peux changer,
Et la sagesse d'en connaître la différence.

Amen

CHRISTIAN
UNE BONNE BOUFFÉE D'OXYGÈNE

Samuel, neuf ans, assis à côté de son père lors d'une entrevue au *18 heures* à TVA portant sur les raisons qui l'avaient amené en hébergement, insiste pour ajouter aux dires de son père, lorsqu'il raconte qu'ils avaient tous les deux couché sur un banc de parc : « … pis on avait froid, hein, papa ? »

J'ai rencontré Christian alors que j'animais le groupe d'entraide du Carrefour Familial Hochelaga. Il arrivait toujours quelques minutes à l'avance, calme, détendu, souriant de ses yeux bleu azur et portant son éternelle veste de cuir noire. Son fils le suivait toujours de près, surexcité, survolté, bondissant, les cheveux dressés dans les airs, en quête des fameux biscuits de l'organisme communautaire. Gourmand, l'enfant engloutissait alors ses biscuits au chocolat et se précipitait ensuite vers la garderie pour aller jouer avec ses amis. Son papa, lui, toujours souriant, allait fumer tranquillement sa cigarette sur le trottoir.

Le calme de Christian et l'énergie débordante de Samuel ont permis à ce couple père-fils de traverser bien des épreuves. Sans le lien profond les unissant, sans leur complicité manifeste, sans l'amour qu'ils ressentent l'un pour l'autre, personne ne sait ce qui leur serait arrivé.

L'histoire d'amour de Christian et de Samuel débute en 1998 pendant la grossesse de la compagne du père. Christian avait toujours voulu avoir un enfant. Lui, il avait été « placé » à un an et demi,

avait séjourné dans plusieurs familles d'accueil, vécu ensuite en foyer de groupe puis en appartement supervisé. Il ne connaissait donc pas la vie familiale, ou si peu, et il rêvait de créer sa propre famille.

La grossesse se déroula à merveille. La future maman était en bonne santé, le futur papa se réjouissait à l'avance de l'arrivée de son enfant et le couple était heureux, amoureux. Les mois passaient et Christian s'imaginait déjà avec son bébé, sa blonde, son appartement et son emploi. Les problèmes étaient enfin derrière lui. Il rêvait même de retourner aux études pour obtenir une bonne *job*, bien payée. Le bonheur était à portée de main.

Mais, à sa naissance, Samuel manqua d'oxygène. Le temps s'arrêta pendant seulement quelques secondes, qui furent toutefois suffisantes pour marquer à jamais son existence et celle de ses parents. Immédiatement, le médecin s'empara du bébé pour l'emmener dans une autre salle et lui prodiguer des soins d'urgence. Les parents demeurèrent seuls avec le personnel infirmier, puis complètement seuls, angoissés et repliés sur eux-mêmes. Ni le père ni la mère ne put prendre son enfant dans ses bras, le cajoler, s'en rassasier et, par ce geste rituel, devenir ainsi un papa ou une maman. Ils subirent plutôt l'attente, l'anxiété, le stress de ne pas savoir et d'imaginer le pire. C'était terrible.

Dès le lendemain, les parents apprirent que la situation était grave et, quelques jours plus tard, on leur annonça que le bébé serait accablé de séquelles permanentes. Finalement, le diagnostic tomba : déficit intellectuel léger.

Pour Christian, cela ne changea rien. Samuel était beau, lumineux, plein de vitalité et c'était son bébé. Le père ressentit tout de suite un coup de foudre pour cet enfant ne demandant qu'à vivre et à être aimé. Ses bras et son cœur étaient ouverts et il était prêt à assumer toutes les conséquences de cette naissance difficile. Pour la mère, ce fut autre chose…

Même si rien ne révélait encore le handicap de Samuel, la maman manifesta presque immédiatement une forme de rejet à son égard. Elle avait de la difficulté à le caresser, à le chouchouter, à le dorloter. Elle était toujours mal à l'aise avec l'enfant et Christian ne comprenait pas pourquoi. Au début, il crut à une dépression postnatale, pour finalement prendre conscience du fait que la mère n'était tout simplement pas capable de prendre soin du bébé. Le beau scénario qu'il avait échafaudé commençait à se fissurer.

Christian retourna rapidement au travail et la grand-mère maternelle de Samuel s'en occupa pendant la journée. Quand le père revenait du boulot, il prenait la relève : il changeait les couches, nourrissait le bébé et veillait sur lui. Il s'attachait de plus en plus à son enfant, pendant que sa compagne s'en éloignait chaque jour davantage...

À Noël, Samuel dut être hospitalisé pendant quelques jours pour de nouveaux problèmes de santé. Christian fit la navette tous les jours pour aller voir son bébé. La mère, elle, ne vint qu'une fois et seulement pour une trentaine de minutes. Elle était absente, lointaine, distante et, lors des hospitalisations suivantes, le même scénario se répéta.

À neuf mois, Samuel était sous l'entière responsabilité de Christian, qui dut arrêter de travailler pour en prendre soin à temps plein. La grand-mère avait aidé sa fille pendant quelques mois, mais elle n'était plus disponible pour continuer à le faire. Le père faisait tout, tout seul, mais sa conjointe recevait les allocations familiales sans lui en verser un seul sou. La situation financière était donc très difficile, la relation de couple, pratiquement inexistante, et Christian, complètement déconcerté.

Le mois suivant, la mère s'enfuit avec Samuel sans avertissement. Christian, paniqué, téléphona aux policiers. On lui répondit que, comme l'enfant était avec sa mère, on ne pouvait rien faire. Terriblement inquiet, il attendit, impuissant, pendant plusieurs semaines, que sa conjointe ramène Samuel à la maison.

La situation était devenue tout simplement invivable pour les parents et l'enfant.

Finalement, lorsque Samuel célébra son premier anniversaire, la mère comprit qu'elle ne souhaitait plus maintenir le lien avec lui. En présence d'avocats, le couple s'entendit pour que Christian obtienne la garde légale complète de Samuel. La mère signa tous les papiers et le père se retrouva donc seul avec un garçon d'un an présentant un déficit intellectuel léger, alors qu'il était lui-même un enfant des centres jeunesse, sans famille et sans réseau de soutien. Samuel, lui… n'avait plus que Christian comme famille.

Le père et le fils passèrent l'année suivante à faire la navette entre leur appartement et l'hôpital Sainte-Justine, seuls au monde, accrochés l'un à l'autre, en état de survie. Christian aurait bien voulu trouver une garderie pour Samuel, mais en raison de l'état de santé de son fils, il n'y parvenait malheureusement pas. Il passait donc toutes ses journées isolé, en compagnie de son garçon.

Bien sûr, tous les deux se rapprochèrent, développèrent une grande complicité, apprirent à se connaître d'une manière tout à fait exceptionnelle puisqu'ils étaient toujours ensemble. Mais la pression était trop forte, trop constante. La solitude, la lourdeur de la tâche à accomplir et le manque d'argent eurent finalement raison de Christian.

Un soir, après avoir reçu son chèque d'aide sociale, Christian entra dans une brasserie et s'assit devant une machine de vidéo poker qui l'attirait comme un aimant. Il espérait ainsi régler ses problèmes d'argent : rembourser ses dettes, payer le loyer, l'épicerie, et peut-être aussi s'évader un peu. Au début, il gagna bien quelques dollars, puis quelques autres, puis quelques autres encore, mais rapidement, la chance se mit à tourner. À coups de un ou de deux dollars, il flamba son chèque en moins de deux heures. Le premier jour du mois, il se retrouvait donc sans le sou pour prendre soin de Samuel.

Le soir même, cependant, Christian réagissait et téléphonait à la Direction de la protection de la jeunesse (DPJ). Il leur dit toute la vérité sur sa situation difficile. Il ne cacha rien et fut totalement honnête, espérant que cette attitude lui serait profitable.

Dès le lendemain, une intervenante de la DPJ venait les rencontrer. Pour Christian, c'était clair : il avait besoin de soutien personnel, d'assistance et de compréhension, pour être en mesure de s'occuper de son fils. Il lançait un appel à l'aide, un S.O.S. Il était tout simplement un parent en difficulté. L'intervenante n'entendit pas son appel et décida plutôt de confier Samuel à sa mère. Le père eut beau faire valoir que celle-ci ne voulait pas s'occuper de l'enfant, qu'elle avait renoncé à ses droits et que, fatalement, Samuel lui reviendrait bientôt, mais elle ne tint pas compte de son avis. Christian se sentit complètement bafoué et fut séparé de son fils pour la seconde fois.

Frustré, seul, sans ancrage, Christian continua à jouer. Le jeu s'incrusta en lui et devint rapidement une dépendance. Comme il n'avait plus personne au monde, il n'avait plus de raison de se battre et le jeu lui apportait des sensations que sa vie terne ne lui procurait pas. Il s'enlisait peu à peu.

Trois mois plus tard, la mère de Samuel retourna l'enfant à Christian, sans explication. Ce fut comme un coup de fouet pour le père. Il décida immédiatement de se reprendre en main. Il alla demander de l'aide au CLSC de son quartier, où on le référa à SOS JEU et à la Maison Jean-Lapointe. Il commença ensuite une thérapie pour s'attaquer à son problème de jeu. Puis, peu à peu, il remit de l'ordre dans sa vie mais, avec le seul chèque d'aide sociale et toujours sans allocations familiales, sa situation financière demeurait extrêmement précaire.

Pendant cette période difficile, Christian et Samuel survécurent grâce aux organismes communautaires, aux banques alimentaires et aux friperies. Sans ces ressources, ils auraient tout simplement crevé de faim. Toujours en manque d'argent, ils perdirent de nouveau un logement. Le père dénicha rapidement un autre appartement, mais avant qu'il ne trouve une cuisinière et un réfrigérateur, il reçut à nouveau la visite de la DPJ. Constatant la situation, l'intervenante décida une seconde fois de retourner Samuel chez sa mère plutôt que d'aider le père à se procurer des électroménagers.

Cette troisième séparation fut la plus pénible pour Christian. Il se sentait humilié. Trahi. Dépossédé. En colère parce qu'on ne l'avait pas écouté, qu'on n'avait pas pris en compte le fait qu'il avait la garde légale de l'enfant. Pourtant, il s'occupait bien de Samuel. Il l'emmenait à l'hôpital ou au service de garde. Il était son père, son seul *vrai* parent, et on faisait comme s'il n'existait pas. Il était tout simplement furieux…

Une nouvelle fois, Christian envoya tout promener, tout balancer ; même la thérapie. Il *repartit sur le party* jusqu'à ce qu'il se rende compte que tout ça ne le menait nulle part. Sa révolte ne faisait de mal qu'à lui et à Samuel… Il se jura donc alors que, plus jamais, on ne le séparerait de son fils. Et il gagna son pari.

Christian reprit sa thérapie. Il obtint le versement des allocations familiales et il fit un grand ménage dans sa vie pour être enfin en état d'accueillir son fils et de lui offrir un foyer digne de ce nom. Quand, finalement, l'enfant revint à la maison, le père était prêt à le recevoir.

L'année suivante, Christian se fit une nouvelle copine et, pendant quatre ans, sa vie et celle de Samuel furent paisibles comme jamais auparavant. Samuel grandissait, Christian prenait de la maturité et leur lien s'approfondissait à mesure que le temps s'écoulait.

Malheureusement, lorsque Samuel eut huit ans, Christian vécut une séparation amoureuse difficile et il se retrouva à la rue. Il frappa à nouveau aux portes du CLSC de son quartier et on lui lança : «Mais que voulez-vous qu'on fasse ?» Heureusement, Christian avait entendu parler de la Maison Oxygène à la télévision. L'intervenante dénicha alors rapidement le numéro de téléphone de l'établissement et c'est comme ça qu'en 2006, le père et le fils atterrirent à la maison d'hébergement.

Le premier séjour de Christian et de Samuel à la Maison Oxygène fut comme un répit pour les deux complices. Une pause. Un moment où ils purent, tout simplement, déposer leur lourd fardeau. Les problèmes de survie quotidienne étaient réglés, Samuel avait des amis pour jouer et Christian participait aux activités de la Maison. Le père n'était cependant pas encore prêt à aller au fond des choses, puisqu'il ne mentionna pas sa dépendance au jeu.

Après trois mois, Christian et Samuel quittèrent la Maison Oxygène et s'installèrent dans un nouvel appartement. Ils tentèrent de reprendre le train-train quotidien. Le fils éprouva cependant de grandes difficultés à l'école et fit même quelques fugues. Le père, lui, fit une rechute et recommença à jouer. Le terrain glissait à nouveau sous leurs pieds.

À cause du jeu, Christian perdit encore une fois son appartement et, le 15 septembre 2006, avec son fils, il dormit sur un banc de parc. Cette nuit passée à la belle étoile fut vraiment un point tournant dans sa vie. L'élément déclencheur. Le fond du baril, comme on dit. Il s'aperçut alors que le jeu était tout simplement plus fort que lui, qu'il était inutile de lutter, qu'il perdait toujours, et que Samuel payait toujours pour ses bêtises. Au petit matin, Christian décida finalement qu'il ne jouerait plus et qu'il ferait tout ce qu'il fallait pour y arriver. À 9 heures pile, le père et le fils retournèrent cogner à la porte de la Maison Oxygène où, heureusement, une chambre était libre. C'était le jour du huitième anniversaire de Samuel.

Pendant son deuxième séjour à la Maison Oxygène, Christian avoua immédiatement ses problèmes de jeu et suivit une thérapie de jour à la Maison Jean-Lapointe. Il cessa alors définitivement de parier. Il participa à toutes les activités de la Maison et aussi à celles du Carrefour Familial Hochelaga. Il acquit une meilleure estime de lui, une plus grande confiance en ses moyens et commença à développer une certaine autonomie affective. Il trouva finalement la paix en lui et son fils découvrit un père à la hauteur de ses attentes, c'est-à-dire un papa aimant, présent et constant.

Christian demeure aujourd'hui dans un appartement pas trop loin de la Maison Oxygène pour garder le contact avec ce milieu de vie lui ayant tant apporté. Il a découvert une école mieux adaptée aux besoins de Samuel. Il est tombé amoureux d'une femme mère de deux jeunes enfants et ils forment tous ensemble une belle petite famille recomposée. Le père souhaite maintenant retourner aux études pour obtenir un bon emploi et assurer aux siens une vie confortable. Il fait même du bénévolat dans des organismes communautaires et participe à des conférences au cours desquelles il relate son parcours difficile.

Samuel, lui, a dix ans. Il est toujours plein d'énergie, enjoué, ricaneur, intense… Il mord dans la vie, chaque jour, à pleines dents. Il fonctionne bien à l'école et son père a réussi à développer des stratégies d'éducation adaptées à sa situation particulière.

Christian sait maintenant que, s'il n'avait pas eu Samuel avec lui pendant toutes ces années, il n'aurait eu aucune stabilité, aucun ancrage, aucune raison de se battre. Son fils lui a donné la force de se regarder dans le miroir, le courage d'aller jusqu'au bout de sa thérapie, là où ça fait vraiment mal. Son fils l'a rendu adulte et responsable et, même si Christian lui a donné énormément, il demeure profondément convaincu que Samuel lui a apporté bien davantage.

Samuel a manqué d'oxygène à la naissance et conservera toute sa vie une limitation intellectuelle. Malgré cela, cet enfant a su insuffler à son père l'énergie dont il avait besoin pour ne pas se laisser abattre. Et la Maison Oxygène a été là pour les accueillir tous les deux, sans jugement, sans préjugés, au moment où Christian était enfin prêt à prendre… une bonne bouffée d'oxygène !

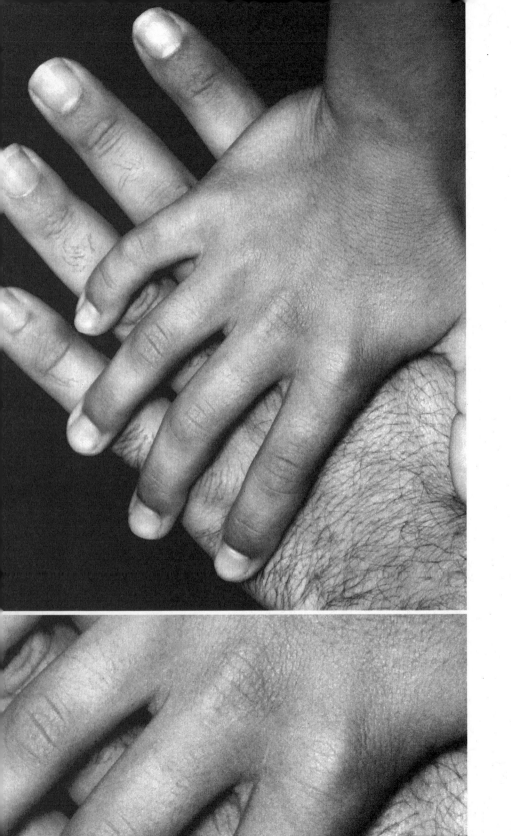

SAMIR
LES MOTS POUR LE DIRE

> *Maman n'était plus là, mais ça m'a rassuré de voir que mon père voulait me garder.*
>
> Karim, 7 ans

Samir est un intellectuel. Il a les cheveux frisés, la barbe forte et le regard perçant. Il a lu les grands philosophes français : Rousseau, Pascal, Diderot. Il a lu aussi Shakespeare, Nietzsche, Baudelaire ainsi que de nombreuses biographies qui l'ont aidé à traverser les périodes difficiles de sa vie. Son livre préféré demeure cependant *Les mots pour le dire* de Marie Cardinal. À cause du récit, bien sûr, mais surtout à cause de l'importance accordée par l'auteure au fait de trouver les mots justes en soi pour se révéler à soi-même.

Samir est né à Casablanca au Maroc, dernier enfant d'une famille de neuf. À deux ans, il perdit sa mère, et sa sœur la plus âgée veilla ensuite sur lui. Alors qu'il avait sept ans, sa grande sœur se maria. Elle quitta la maison familiale et ce fut un peu comme si Samir perdait sa mère une seconde fois. Dès lors, les mots commencèrent à rester coincés dans sa gorge. Il vécut par la suite avec son père et son adolescence se déroula dans la pauvreté, la négligence et la maltraitance. Dans le mutisme, aussi.

En lisant, cependant, Samir retrouva l'accès au langage. L'accès aux mots qui crient, déchirent, détruisent, mais aussi à ceux qui guérissent, consolent, construisent et élèvent l'âme et l'esprit. À l'intérieur de lui, tout un univers de mots et de phrases se bâtissait.

Pour rester en contact avec cet univers qu'il aimait tant et fuir son enfance blessée, Samir quitta son pays. Il s'en alla étudier la littérature à Lille, en France. Là, il découvrit les grands auteurs : les poètes, les romanciers, les dramaturges et les philosophes. Il fit aussi la connaissance de copains partageant son amour du langage, avec qui il pouvait échanger jusque tard dans la nuit. Le bonheur, enfin !

Lors d'un voyage au Maroc, en 1993, il rencontra sa future épouse et il pava un pont de mots entre elle et lui. Peu à peu, ils se rapprochèrent et, en 1997, ils se marièrent. Elle le suivit en France. Samir reconstruisait sa vie, pierre par pierre, et retrouvait, mot par mot, l'accès aux autres et à lui-même.

En 1999, Samir et son épouse décidèrent d'émigrer au Canada, pour commencer une nouvelle vie et s'éloigner de l'intolérance trop souvent présente en France à l'égard des gens du Maghreb. Le couple se retroussa alors les manches et se mit au boulot. Samir enseigna la littérature française dans divers collèges privés de Montréal, communiquant son amour de la langue et des grands auteurs. Il poursuivit aussi des études supérieures, parce qu'il souhaitait aller toujours plus loin dans cette connaissance du verbe qui lui faisait tant de bien. Pendant ce temps, son épouse étudiait en soins infirmiers. La lumière entrait peu à peu dans leur vie. Bien sûr, il y avait l'hiver, le froid et la neige, pénibles pour des Marocains, mais au cœur de ces mois difficiles, ils se serrèrent les coudes et puisèrent la force de continuer dans leur espoir d'une vie meilleure.

Puis vint la naissance de Karim. Un événement fondateur pour Samir. Une nouvelle naissance à lui-même. Une nouvelle conscience face à l'existence. Un nouveau départ dans sa vie d'homme, puisqu'il se rattachait ainsi à la lignée de ses ancêtres. Samir était enfin un père et il en était profondément heureux.

Les débuts de la vie à trois furent toutefois plutôt difficiles. Karim était né par césarienne et la convalescence de la mère se prolongea pendant plusieurs semaines, compliquée par une dépression post-partum. Samir dut prendre soin à la fois de son épouse et de son enfant. Il apprit à changer les couches, à nourrir le bébé et surtout, à être à l'écoute de ces pleurs qui ne sont pas encore des mots mais qui parlent souvent bien davantage que le plus élaboré des langages.

Malheureusement, pour s'occuper de sa famille, Samir fut forcé d'abandonner les petits boulots qu'il avait trouvés et de remettre à plus tard la poursuite de ses études. De plus, comme le couple était sans famille au pays et sans véritables relations, il vécut beaucoup de solitude pendant cette période. Beaucoup d'isolement. Beaucoup de repli sur lui-même. Néanmoins, petit à petit, la mère retrouva ses forces et Samir put recommencer à travailler. Le père récupéra progressivement ses engagements et reprit ses études supérieures. Sa conjointe retourna finalement à l'école et Karim grandit peu à peu, entouré de ses deux parents, qui l'aimaient plus que tout au monde.

Bien sûr, la vie quotidienne n'était pas toujours facile. Comme tous les immigrants, la famille de Samir dut apprendre à fonctionner dans une nouvelle société, saisir les rouages d'un environnement méconnu, déchiffrer des codes sociaux mystérieux et découvrir une culture bien différente de celles du Maroc et de la France. Il fallait aussi payer les comptes, courir entre le boulot, les cours, la garderie et la maison. Courir, toujours courir, mais aussi toujours performer pour faire leur place dans ce nouveau pays beaucoup plus exigeant qu'ils ne l'avaient imaginé. Le couple ressentait une énorme pression et, peu à peu, cette pression pénétra dans leur relation intime. Les époux perdirent, jour après jour, mois après mois, les mots qui rapprochent, qui caressent et qui consolent, pour ne plus fréquenter que les mots qui éloignent, qui séparent et qui font mal.

Samir et son épouse demeuraient malgré tout de bons parents pour Karim. Ce fils était leur trésor, leur joyau, leur talisman, et jamais leurs difficultés conjugales n'entravaient la relation de l'un ou de l'autre avec l'enfant. Le garçon grandissait en beauté et en assurance. Son développement harmonieux apaisait les tensions vécues au sein du couple. Cependant, avec le temps, les époux s'éloignèrent tout de même. Le père songeait parfois à la séparation, mais il ne pouvait concevoir sa vie et celle de son fils sans la présence de son épouse. Des mots contradictoires se frappaient dans sa tête sans jamais pouvoir s'en extirper.

Puis, un jour, Samir et son épouse s'assirent dans le bureau d'un médecin qui leur apprit une terrible nouvelle : un cancer rare attaquait la compagne de Samir. Le médecin lui-même semblait atterré et laissa tomber : « Mais qu'est-ce que je vais faire avec ça ? » puisque ce type de cancer est très peu fréquent et progresse de manière foudroyante. Le couple était sans voix, complètement chaviré. Sa vie venait de basculer.

Comme le médecin l'avait annoncé, le cancer progressa à une vitesse fulgurante et l'épouse de Samir perdit rapidement son autonomie. L'enfant était terrifié et le père ne savait même pas exactement ce qu'il ressentait, écartelé entre la culpabilité d'avoir souhaité la séparation, la douleur, l'impuissance devant les souffrances de son épouse et l'angoisse extrême de devoir envisager l'inenvisageable : la vie sans sa femme, sans la mère de son fils. Aucun mot n'était désormais assez intense pour exprimer ce qu'il ressentait.

Rapidement, Samir dut abandonner son travail et ses études pour s'occuper à temps plein de son épouse et de son fils, comme lors de la naissance de Karim. Ses seuls revenus provenaient de l'aide sociale et le père devait porter seul toutes les responsabilités familiales.

Dans les mois qui suivirent, Samir prit soin des siens jour et nuit. Il ne vivait plus que pour eux. Le monde extérieur n'existait plus. Un soir cependant, il sortit pendant une vingtaine de minutes pour faire des courses et, à son retour, son épouse était en hémorragie. Il se jura alors de ne plus jamais l'abandonner.

Peu après, la femme subit une chirurgie au cours de laquelle on lui retira une tumeur lourde de plusieurs kilos. Peine perdue ; le cancer progressait trop vite. Malgré cette intervention et en dépit des traitements les plus puissants, la maladie s'emparait de manière irréversible du corps de la patiente, qui ne souhaitait désormais plus qu'une seule chose : retourner mourir dans son pays.

Samir n'avait pas d'économies, mais cela ne l'empêcha pas de réaliser la dernière volonté de sa compagne. Il se procura trois billets d'avion Montréal-Casablanca à l'aide de sa carte de crédit, effectua toutes les dépenses nécessaires en s'endettant à l'extrême et sa famille s'envola pour le Maroc, où l'épouse de Samir vécut ses derniers moments entourée des siens. Samir était soulagé mais dévasté. L'enfant était sous le choc.

Après les rites funèbres, Samir revint à Montréal avec son fils. Ils étaient maintenant complètement seuls. L'absence envahissait leur appartement. Autant Karim était en mesure d'exprimer ses émotions, autant Samir n'avait plus la force d'exprimer quoi que ce soit. Les mots ne lui étaient plus d'aucun secours et, chaque jour, il mesurait davantage l'ampleur de la tragédie.

C'est alors que commença la descente aux enfers de Samir. Il souffrit d'abord d'une grande culpabilité : il ne pouvait se pardonner d'avoir songé à se séparer de sa compagne. Il ne pouvait se libérer non plus de l'idée que les tensions vécues par le couple avaient contribué à faire naître le cancer de son épouse. Il devait ensuite assumer l'énorme responsabilité d'élever seul son fils, sans famille, sans soutien. Finalement, il avait la terrible impression que, malgré tous ses efforts, « tout foutait l'camp »…

Comme Samir était endetté et que ses seuls revenus provenaient de l'aide sociale, il était incapable de payer son loyer. Il perdit donc son logement à loyer modique ainsi que tous ses effets personnels, qui furent cependant conservés en garantie par le gestionnaire de l'immeuble. Le père et le fils déménagèrent dans un logement de misère, où leur situation se dégrada encore davantage. Deux mois plus tard, Samir apprit que ses objets personnels avaient été détruits sans qu'il en soit informé. Samir et Karim venaient donc de perdre le dernier lien avec leur passé puisque même leurs photos de famille, les photos de la mère et de l'épouse, avaient été détruites. Dans l'opération, l'homme avait aussi perdu trois manuscrits de romans rédigés au cours des années précédentes.

Cet événement terrible entraîna Samir encore plus loin dans la dépression, l'apathie et le désespoir. Ses valeurs l'empêchaient de songer au suicide, mais à force de ne pas manger suffisamment, de boire de l'alcool en trop grande quantité et de ne plus sortir de chez lui, la vie se retirait peu à peu de son corps usé. Il perdit jusqu'à 60 pour cent de son poids et cessa de se laver.

Le seul fil qui retenait Samir à la vie, c'était Karim, maintenant âgé de huit ans. Aussi incroyable que cela puisse paraître, l'enfant ne manqua jamais un repas, réussit son année scolaire et fut toujours convenablement vêtu. Ses résultats académiques laissaient cependant à désirer, il ne prenait pas de poids et vivait dans un état d'insécurité émotive extrême. Il savait maintenant que ses parents n'étaient pas immortels et il avait peur que son père ne disparaisse à son tour. Quand il était à la maison, Karim ne laissait plus son père sortir de crainte qu'il ne revienne pas, se tenait toujours dans la même pièce que lui et dormait dans le même lit. Seuls au monde, Samir et Karim s'accrochaient l'un à l'autre. Ils étaient cependant, tous les deux, tout près de sombrer.

C'est finalement dans le regard angoissé de son fils que Samir prit conscience du fait qu'il était vraiment au plus profond du gouffre. Il savait qu'il devait faire quelque chose, mais il en était incapable. Tout était trop lourd, trop difficile. Il était pétrifié par la dépression. Heureusement, une intervenante de la Direction de la protection de la jeunesse lui tendit la main. Juste à temps. Cette femme généreuse constata la déchéance de Samir. Elle vit aussi que le lien parental qui unissait Samir et Karim n'avait jamais été rompu, que Samir était toujours demeuré le père de Karim et que Karim était toujours demeuré le fils de son père. Les séparer aurait fragilisé encore davantage l'un et l'autre. Il ne fallait pas les séparer, mais il fallait agir… vite.

Le 22 mai 2008, grâce à l'action de l'intervenante bienveillante, Samir et Karim entrèrent à la Maison Oxygène. Immédiatement, le père se sentit soulagé. Une tonne de pression se retira de ses épaules, puisqu'il n'était plus seul avec son fardeau. On lui parlait avec respect. On l'écoutait. Le quotidien n'était plus une montagne, chaque jour, à escalader. L'enfant avait maintenant un milieu de vie décent et les paroles de l'homme résonnaient enfin chez d'autres êtres humains.

La première étape fut celle du repos. Samir était tellement épuisé qu'il avait besoin d'être, tout d'abord, arraché à l'espace et au temps. Il devait s'effondrer avant de pouvoir se relever. Pendant ce temps, Karim reprit son train-train quotidien et, peu à peu, ses résultats scolaires s'améliorèrent ; il gagna quelques kilos, grandit de plusieurs centimètres, ses yeux se remirent à briller et son insécurité affective s'atténua progressivement. Peu à peu, il revenait à la vie lui aussi.

L'étape suivante, pour Samir, consista à retrouver l'accès au langage. L'accès aux paroles qui aident à pleurer, à faire son deuil, à continuer à vivre, à réfléchir, ou qui permettent tout simplement d'aimer. La Maison Oxygène lui permit de reconquérir ces mots enfouis très loin en lui, de les faire remonter à la surface et, finalement, de reprendre contact avec lui-même. Samir renforça aussi ses habiletés parentales. Il est maintenant plus attentif aux besoins de son enfant et il comprend mieux la société québécoise et ses attentes à l'égard des pères.

Samir a aussi profité de son séjour pour rédiger une première version d'un roman, qui a été retenu par un éditeur pour une seconde étape de travail. L'espoir est maintenant de retour dans sa vie et il s'apprête aujourd'hui à quitter la Maison Oxygène. Bien sûr, ses dettes sont toujours présentes, mais il a établi une stratégie pour y faire face. Il ne consomme plus d'alcool. Il a maintenant hâte de sortir pour offrir un foyer digne de ce nom à son fils, et ensuite, reprendre son travail et ses études.

Samir se sent prêt à retourner dans la vraie vie, puisqu'il possède à nouveau les mots pour le dire. Les mots pour *se* dire.

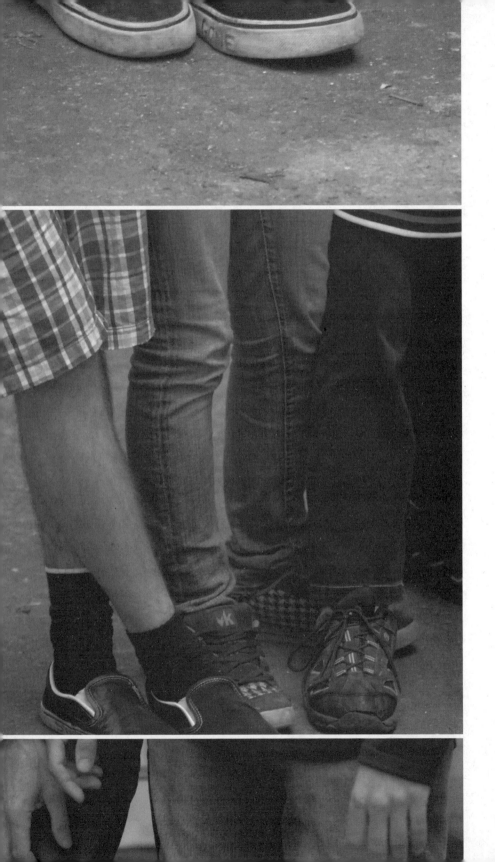

GUY
SORTIR DE L'ISOLEMENT

Guy est un homme de 46 ans, de belle apparence. Il a les yeux bleus, les cheveux châtains, un sourire sympathique. Il s'exprime avec clarté et précision. En discutant avec lui cependant, on s'aperçoit rapidement qu'il est prudent dans ses relations avec les autres, qu'il maintient toujours une certaine distance entre lui et son interlocuteur. Ce n'est pas ce qu'il souhaite, c'est la vie qui l'a façonné ainsi et l'a amené à se retrancher en lui-même. Aujourd'hui cependant, il fait tout ce qu'il peut pour sortir de cet isolement.

Guy a été élevé par les Apôtres de l'Amour Infini. À sept ans, on l'a « placé au monastère », parce que son père croyait que c'était ce qu'il y avait de mieux pour lui. D'ailleurs, à l'exception de son frère aîné mort à sept ans par noyade, les huit autres frères et sœurs de Guy firent aussi des séjours prolongés dans cet établissement.

Guy se souvient comme si c'était hier de son départ de Fort Vermilion, en Alberta, mais surtout de son arrivée à la pension des Apôtres de l'Amour Infini au Québec, où on lui avait dit qu'il ne séjournerait que trois jours. L'enfant croyait être rendu dans quelque chose comme un camp de vacances. Après trois jours, lorsqu'il comprit qu'il ne retournerait pas chez lui, il se mit à pleurer. Pour le faire taire, un frère lui mit violemment la tête dans une «bécosse» en disant: «Tu vas arrêter de brailler!» L'enfant apprit alors qu'il devait retenir ses larmes.

Cinq de ses frères et sœurs entrèrent au monastère en même temps que Guy, mais il ne les voyait que rarement. En fait, le seul moment où il pouvait rencontrer sa famille, c'était le deuxième dimanche du mois, pendant deux heures. Le reste du temps, c'était la routine des Apôtres de l'Amour Infini: un peu d'étude, très peu de jeu, beaucoup de prière et surtout, beaucoup de travail. L'enfant bûchait du bois à l'occasion, mais il se souvient davantage des heures interminables passées à trier des légumes dans un caveau froid et humide. L'hiver, il avait les mains complètement gelées et, malgré cela, il devait poursuivre son dur labeur pendant des heures, sous peine de sanctions. Il se plaignit une seule fois en dix ans et reçut une sévère correction.

Guy grandit donc dans la peur et la soumission, puisqu'il subissait des mauvais traitements dont il est encore incapable de parler. Il m'a dit qu'il y a comme une «barrure» à l'intérieur de lui. Encore aujourd'hui, il refuse de retourner au fond de ces blessures. L'enfant isolé devint un adolescent craintif, sans aucune confiance en lui.

À 13 ans, Guy fut rejeté par le monastère parce qu'on croyait qu'il était épileptique et qu'on avait peur qu'il meure pendant une crise. Il alla vivre chez ses parents, qui demeuraient sur un terrain appartenant aux Apôtres de l'Amour Infini. L'année suivante, en compagnie de ses frères et sœurs – qui avaient aussi quitté le monastère parce qu'un incendie avait détruit certains des bâtiments –, la famille entière retourna résider en Alberta, à Joussard cette fois.

Guy ne parla jamais aux siens de ce qu'il avait subi. Comme il ne connaissait pas vraiment d'autre chose, cette vie était presque normale pour lui. De toutes façons, il ne savait pas comment exprimer ce qu'il ressentait. Pendant des années, le jeune homme revécut dans ses cauchemars les mauvais traitements qui lui avaient été infligés. À 18 ans, il avait toujours peur du monastère, peur d'être contaminé par le monde extérieur, mais aussi peur de la damnation éternelle. En fait, il avait peur de presque tout.

À 19 ans, il alla travailler à Edmonton comme apprenti soudeur. Au cours de ce séjour, il tomba amoureux d'une jeune fille qui, comme lui, vivait d'importants problèmes affectifs. Mais peu lui importait. Enfin quelqu'un l'aimait et ce fut une véritable révélation pour lui.

Quelques mois plus tard, néanmoins, la jeune fille dut retourner vivre dans sa ville natale à Terre-Neuve. Guy fut terrassé par l'annonce de ce départ. C'était comme si le plancher avait disparu sous ses pieds. Il ne pouvait accepter la situation et, à 20 ans, il décida de tout laisser tomber pour aller la rejoindre à l'autre bout du pays.

Avec très peu d'argent en poche, il partit « sur le pouce » et, en trois jours, atteignit le Québec. Peu après, il débarquait à Sept-Îles sans trop savoir comment poursuivre sa route. Il vagabonda ensuite pendant quelque temps, offrant son travail contre de la nourriture, gagnant ses repas l'un après l'autre.

Avec les quelques dollars qui lui restaient, il acheta un billet de train pour le Labrador afin de se rapprocher de l'île de Terre-Neuve et de son amoureuse, mais aussi pour aller au bout de quelque chose qu'il ne pouvait même pas nommer. Rendu là, sans le sou, il demanda aux policiers de l'aider à se trouver un endroit où passer la nuit. On lui répondit que s'il commettait un vol, il pourrait dormir en prison. Ne pouvant se résoudre à cette extrémité, Guy alla cogner à la porte de l'église de la ville. On le référa alors au Centre d'aide sociale, où on lui offrit un billet de train pour retourner à Sept-Îles. Avant de quitter le Labrador, Guy passa un coup de téléphone au domicile de son amoureuse et apprit qu'elle était enceinte d'un autre homme. Cette nouvelle le plongea au plus profond du désespoir.

De retour à Sept-Îles, il eut la chance d'être recueilli dans une institution où deux intervenants le traitèrent avec chaleur et empressement. Guy s'effondra alors et, pendant plusieurs jours, il pleura. Toutes les nuits, il faisait des cauchemars affreux dans lesquels son passé revenait le hanter. Une nuit, il rêva même que son père le menaçait avec une arme à feu. Guy, en révolte, lui disait: «Papa, papa, on doit se parler.» Son père tirait ensuite deux coups de feu sur lui, et il se réveillait brusquement.

Pendant plusieurs semaines, il resta prostré, complètement refermé sur lui-même. Il ne voulait plus bouger, plus souffrir, plus sortir de la pièce où il était. La douleur accumulée au cours des ans prenait toute la place et l'envahissait. N'eût été de l'intervention des deux professionnels, il se serait laissé mourir de faim et de tristesse.

Un jour, les deux intervenants le forcèrent à sortir pour aller manger une crème glacée. Guy résista, puis, de guerre lasse, céda finalement et les accompagna à la crèmerie. La crème glacée, «une molle à la vanille», était bien bonne. La sensation était agréable. Et, en plus, il faisait beau. Cela le reconnecta avec l'existence et lui redonna un peu d'énergie vitale. À la fin de son séjour dans cet établissement, l'homme fut accueilli dans la maison d'hébergement du Transit de Sept-Îles où il résida pendant plus d'un mois. Il put y faire le point sur sa vie et s'ouvrit davantage au personnel.

Lorsqu'il sortit du Transit, il n'avait absolument rien devant lui. Que du brouillard. Il se souvient d'avoir alors marché dans les rues de Sept-Îles, une journée de grosse pluie, en se dirigeant vers le fleuve sur la rue Napoléon. Il n'entrevoyait aucun avenir. Aucune femme ne l'attendait. Aucun rêve n'occupait son esprit. Il aurait pu continuer à marcher droit devant lui et aller se noyer dans la mer. Personne n'aurait signalé sa disparition.

Pourtant, Richard Tremblay, qui ne le connaissait pas, arrêta son camion de livraison Gailuron à ses côtés et lui lança: «Embarque!» Guy, trempé, monta docilement dans le camion. L'homme lui dit ensuite : « Où tu vas ? » Guy ne répondit rien, puisqu'il n'allait nulle part. Le livreur se rendit à sa prochaine destination et descendit pour aller porter ses pains. Guy le suivit machinalement. Lors de la livraison suivante, Richard demanda à Guy d'apporter des pains à hamburgers, ce qu'il fit avec rapidité et précision. Le livreur laissa ensuite traîner de l'argent devant lui pour le tester, mais Guy n'y toucha pas. Un peu plus tard, Richard demanda à Guy : « As-tu soupé ? » Ce dernier fit non de la tête et les deux hommes partagèrent un repas au cours duquel Guy raconta une partie de son histoire.

Richard fut touché par son récit et l'hébergea pendant un an et demi. Cette période permit à Guy de reprendre pied et de réapprendre à faire confiance aux êtres humains. De plus, leur « route de pain » passait par la résidence de celle qui deviendrait la mère de ses enfants. Un an et demi plus tard, Richard Tremblay manœuvra pour que Guy obtienne sa propre « route de pain ». Il put alors louer un logement et, en 1983, à l'âge de 21 ans, se marier avec celle chez qui… il aimait tant livrer du pain ! Enfin, le vent commençait à tourner…

L'année suivante, la conjointe de Guy tombait enceinte et le couple décida, pour améliorer sa situation, d'aller vivre en Alberta, province qui connaissait alors un important boum économique. Comme le futur père n'avait pas d'emploi assuré, ils allèrent vivre chez ses parents et ils résidèrent à onze dans la même maison.. Immédiatement, des tensions apparurent entre la conjointe de Guy et sa belle-famille.

Comme Guy ne trouvait que de petits boulots mal rémunérés, il devait travailler très fort et rentrait à la maison toujours brûlé. Sa conjointe, quant à elle, était mal à l'aise de partager son quotidien avec des gens qui ne l'acceptaient pas. C'est dans ce contexte difficile que naquit le premier enfant du couple : François.

Finalement, ils décidèrent de déménager à Toronto pour que Guy puisse trouver un bon emploi et que sa conjointe se rapproche un peu du Québec. L'assurance-chômage finança le déplacement de la famille et la formation de camionneur du père. Malheureusement, le coût de la vie était extrêmement élevé dans la capitale ontarienne et ils durent partager leur logement avec un autre couple pendant quelque temps. Naquit alors leur deuxième enfant : Jérôme.

Guy, de son côté, était toujours en révolte contre la religion de ses parents. Au cours de cette période, il fréquenta des églises de différentes confessions : pentecôtistes, baptistes, témoins de Jehovah... mais aucune ne le satisfaisait vraiment.

Deux ans plus tard, la famille déménagea à Joliette, où un bon emploi de camionneur attendait Guy. Comme le coût de la vie était beaucoup moins élevé dans cette région, les perspectives familiales semblaient vraiment encourageantes. La mère était aussi beaucoup plus à l'aise dans un milieu de vie québécois francophone et elle était beaucoup plus proche de sa propre famille. Tout aurait donc dû rentrer dans l'ordre...

Toutefois, le métier de camionneur éloignait Guy de sa femme et de ses enfants. Il passait de longues heures sur la route à s'épuiser derrière le volant de son camion et lorsqu'il rentrait, il avait l'impression d'être un étranger dans sa propre maison. Il se sentait seulement pourvoyeur et ne savait plus comment agir en présence des siens. Devait-il être autoritaire avec ses enfants ? Devait-il plutôt tenter de les séduire ? Quelle était sa place dans son foyer ? Comme il n'avait pas de véritable modèle familial, il était de plus en plus désemparé...

Pendant quatre ans, il poursuivit cette existence difficile, vivant à la fois un stress important au travail pour répondre à la demande constante de son employeur et une pression croissante à la maison pour tenter de se faire une place dans sa propre demeure.

Un jour, finalement, il craqua. Il perdit son emploi et se retrouva sur l'aide sociale, complètement dévalorisé. N'écoutant que son courage, il décida de retourner aux études et réussit à compléter son secondaire 5.

En 1996, un troisième enfant, Rémi, se joignit à ses deux frères et la situation financière de la famille exigea que Guy retourne immédiatement au boulot. Malgré toutes ses appréhensions, le père, pour faire vivre les siens, se fit embaucher comme camionneur sur de longues distances ; il travaillait six jours sur sept et ne dormait presque jamais à la maison pendant ses jours de travail. Il se sentait donc complètement isolé. Il passait des jours et des jours seul dans son camion et, quand il rentrait à la maison, il sentait qu'il n'était plus le bienvenu.

Pendant plus de dix ans, Guy supporta ce calvaire. Il n'était bien nulle part et personne ne semblait tenir à lui. Désespéré, il conduisait son camion, jour et nuit, sur les longues routes d'Amérique du Nord, et pleurait plus souvent qu'à son tour. Il savait bien que sa femme s'éloignait de lui. Il se rendait bien compte que son enfant le plus vieux était en révolte contre son autorité. Il se consolait un peu en se disant que sa relation était meilleure avec son deuxième fils, mais était atterré de constater que son troisième garçon ne le connaissait pratiquement pas. Certains soirs, il ne voyait à peu près plus la route tellement il pleurait. Il s'enfonçait dans la dépression et il n'aurait suffi que d'une toute petite secousse pour que l'homme s'effondre tout à fait.

En mars 2008, une crise familiale éclata alors qu'il était sur la route et les ponts se rompirent complètement entre son épouse et son fils aîné, maintenant âgé de 23 ans, qui traversait une grave crise conjugale. Guy voulut soutenir son fils dans cette épreuve, mais son épouse le lui interdit. Il ne voulait pas choisir entre sa femme et son fils. Il lui était impossible d'abandonner son garçon en détresse, car il ne voulait pas agir comme il avait l'impression que son propre père avait agi envers lui. Tout cela le dépassait et il craquait tout simplement sous la pression.

Le 28 mars, il lança un appel de détresse au CLSC de sa région. Le 9 avril, on le rappela et, le jour même, il abandonna son travail parce qu'il se savait maintenant dangereux sur la route. Il entra immédiatement dans un centre de crise, où on l'hébergea pendant 19 jours, le temps de désamorcer la situation.

À sa sortie du centre, il fut transféré à la Maison Oxygène, mais il ne voyait aucune lumière au bout du tunnel. La communication était rompue avec sa conjointe et il n'avait plus la force d'établir le contact avec ses garçons. Il se sentait rejeté, abandonné, désespéré, et il se ferma complètement aux intervenants de la Maison.

La confirmation de son troisième enfant devait avoir lieu le 28 avril. Guy projetait de s'y rendre et de mettre fin à ses jours par la suite. Il n'en pouvait plus. Il souffrait trop. Il fallait que cela arrête. Toutefois, lors de la cérémonie, il rencontra une vieille connaissance qui, sans le savoir, lui sauva la vie en lui transmettant un peu d'affection et d'amour. Juste assez pour qu'il retourne à la Maison Oxygène et s'ouvre finalement aux intervenants.

Au cours des trois mois qui suivirent, Guy se mit au boulot et entreprit de travailler sur lui. Il fut envoyé au Service d'aide aux conjoints à Montréal et soutenu par le personnel de la Maison. Il reprit suffisamment de force et de confiance en lui pour être capable de retourner chez lui en août de la même année, afin d'aller au fond des choses avec sa conjointe. Il était prêt à tout. S'il devait se séparer, il était prêt à le faire, mais non sans avoir fait une dernière tentative de réconciliation. Par respect pour lui et son épouse, il devait être certain d'avoir tout essayé pour sauver son couple et sa famille.

Ils entreprirent alors une thérapie de couple. Guy suivait aussi une thérapie personnelle. La situation familiale était toujours difficile mais, au moins, l'homme et la femme tentaient par tous les moyens de se rapprocher. Providentiellement, une tierce personne, respectée du père et de la mère, vint partager leur quotidien et permit d'apaiser une bonne partie des tensions journalières. Guy maintint aussi un contact avec les intervenants de la Maison Oxygène et poursuivit son travail avec le Service d'aide aux conjoints.

Aujourd'hui, Guy et la mère de ses enfants poursuivent leur démarche en thérapie. Tout n'est pas réglé mais, au moins, ils se connaissent davantage et ont appris à mieux gérer leurs périodes de crise. L'homme reprend aussi graduellement son rôle de père et, à mesure que sa confiance s'accroît, la qualité de ses relations avec ses fils s'améliore. Il vit au jour le jour, se nourrit des petits succès du quotidien et apprend peu à peu à s'affirmer.

Guy sera éternellement reconnaissant envers la Maison Oxygène, parce qu'elle était là alors qu'il était au plus profond de la crise et qu'elle est toujours là lorsqu'il a besoin d'un coup de pouce. Grâce à cette Maison, il se sent de moins en moins isolé, de moins en moins «extraterrestre», comme il dit, et de plus en plus… un être humain comme tous les autres.

JEAN-FRANÇOIS
SUR SA PLANÈTE

> *Moi, si vous (de la Maison Oxygène) n'aviez pas été là, je serais à la DPJ depuis longtemps.*
>
> Gabriel, 12 ans

Les mots qui sont revenus le plus souvent dans la bouche de Jean-François pendant l'entrevue sont: «sur ma planète». C'est sa façon à lui d'exprimer l'état dans lequel il se trouve quand il se déconnecte des autres et qu'il prend ses distances avec les réalités du quotidien. Le problème, c'est que, quand il est sur sa planète, ses proches n'existent plus et ses émotions troubles, son besoin de sensations, d'évasion, peuvent l'amener à commettre de très grosses bêtises.

L'homme de 39 ans n'a pas connu ses parents biologiques puisqu'il a été adopté très jeune à la crèche d'Youville. On l'a souvent pris pour un Amérindien ou un Latino-Américain à cause de ses traits vaguement asiatiques et ses yeux d'un brun très profond. À l'occasion, il regarde à la télévision l'émission *Les retrouvailles* de Claire Lamarche en se demandant d'où il vient. Qui est sa mère? Qui est son père? Quelles sont ses origines? Son esprit se met alors à vagabonder et il se perd dans ses pensées…

Ses parents adoptifs l'ont cependant vraiment aimé et toujours considéré comme leur propre enfant. Malheureusement, lorsqu'il

avait cinq ans, ils se séparèrent et ce fut un choc terrible pour Jean-François, même s'il n'en était pas conscient à l'époque. Ce deuxième traumatisme majeur en quelques années le marqua profondément.

De 5 à 12 ans, Jean-François vécut avec sa mère adoptive, qui le gâtait passablement. Un peu trop, même, selon lui. Il voyait aussi régulièrement son père, qui le couvrait de cadeaux et lui donnait souvent d'importantes sommes d'argent. Il était vraiment, comme il dit, « gâté pourri ». Même si, matériellement, il avait tout, le jeune garçon développa rapidement une frustration confuse, une révolte sournoise, une colère sourde qu'il pouvait difficilement retourner contre ses parents puisque ceux-ci s'opposaient rarement à lui.

À l'école primaire, Jean-François se battait souvent avec les autres garçons et se « foutait de tout » selon ses propres mots. Comme ses parents l'encadraient peu, il était laissé à lui-même et faisait tout ce qui lui passait par la tête. De plus, il avait toujours beaucoup d'argent dans ses poches pour combler ses moindres désirs. Sa mère passait d'un homme à l'autre, sortait souvent et consommait beaucoup d'alcool. Son père, lui, séduisait sans cesse de nouvelles jeunes femmes et finissait toujours ses soirées en état d'ébriété avancée. Jean-François ne savait donc pas ce que c'était qu'une vie de famille et ressentait un terrible manque d'affection.

À 10 ans, le garçon mit le feu aux rideaux de l'appartement de sa mère. Probablement une contestation des « chums » et des « blondes » de ses deux parents, qu'il détestait intensément. Peut-être aussi un geste d'autodestruction. Quand les pompiers arrivèrent, Jean-François ne se vanta pas de son méfait, mais son geste fut rapidement découvert grâce à une très courte enquête. Informée des événements, sa mère ne dit absolument rien à l'enfant, qui tentait pourtant de la provoquer.

De toute évidence, Jean-François n'acceptait pas la séparation de ses parents et, lorsqu'il voyait les enfants de son âge avec leurs deux parents, il ressentait un grand vide, un profond manque d'amour, une détresse qui s'emparait de lui chaque jour davantage.

À 11 ans, il commit un vol dans les bureaux où son père travaillait et, à l'école, ça ne fonctionnait plus du tout. Sa mère était dépassée par la situation et Jean-François passa l'année suivante dans un pensionnat, d'où il fugua à deux reprises. Il reçut plusieurs fessées du directeur de l'établissement, mais cela n'eut aucun effet sur son comportement frondeur.

À 12 ans, comme sa mère n'en pouvait plus, Jean-François déménagea chez son père à Chersey. L'adolescent recevait souvent 20 dollars par jour d'argent de poche de la part de son père, qui était par ailleurs très peu présent à la maison, absorbé par son travail et ses nombreuses conquêtes amoureuses. L'adolescent voyait sa mère la fin de semaine et il manquait toujours autant d'attention et d'encadrement.

À 13 ans, chez sa mère, Jean-François « sniffa » la colle d'un modèle à coller. Ce fut son premier contact avec la drogue et il découvrit qu'il aimait bien partir ainsi pour une autre planète, un endroit où il souffrait moins et où ses tensions intérieures s'évanouissaient. En s'apercevant de la situation, sa mère n'eut, encore une fois, que peu de réaction. La même année, l'adolescent commença à boire.

Pendant les deux années qui suivirent, Jean-François devint un consommateur régulier d'alcool et de hash. Il allait toujours à l'école, mais s'en fichait complètement. Son père n'était presque jamais à la maison et, quand il rentrait, c'était en état d'ivresse, toujours avec une nouvelle conquête. Un soir, à bout de nerfs, le fils demanda à son père de choisir entre sa nouvelle flamme et lui. Le père, repentant, congédia la très jeune femme et décida de se reprendre en main. Il vendit même la maison de Chersey pour changer de vie, mais rien n'y fit puisqu'il répéta le même comportement dans sa nouvelle résidence.

De 15 à 18 ans, Jean-François, toujours grâce à l'argent de son père, vécut la grosse vie et commença à sortir dans les clubs. Il n'y avait rien à son épreuve. Dans une soirée, il pouvait boire 24 bières et engloutir un «cabaret de shooters». Avant de se rendre dans un club pour boire une douzaine de bières, il a déjà ingurgité 60 onces de vodka. Il mélangeait tous les alcools, le hash, et se tenait toujours debout. Une seule fois, il a connu le *black-out* et s'est affaissé sur le plancher de l'appartement de sa mère, malade comme un chien. Le lendemain, il repartait de plus belle et consommait encore plus afin de décoller le plus souvent possible vers sa planète.

Sur cette planète, il y avait aussi les femmes. Rien ne l'excitait davantage que d'aller au club, consommer alcool et drogue, et séduire une jeune femme afin de la ramener chez lui. Exactement comme son père et sa mère l'avaient toujours fait. Il flambait tout l'argent qui tombait entre ses mains et, même s'il travaillait maintenant pour un paysagiste et possédait trois cartes de crédit avec des limites de plusieurs milliers de dollars garanties par son père, il n'avait jamais assez d'argent puisqu'il sortait au moins quatre soirs par semaine.

À 19 ans, il dénicha un appartement ainsi qu'un emploi au salaire minimum dans une manufacture et poursuivit son existence au même rythme effréné.

L'année suivante, au travail, il rencontra une belle jeune femme qui deviendrait le premier grand amour de sa vie. Dès qu'il fut seul avec elle, il lui dit «je t'aime». Ils se fréquentèrent pendant plus de deux ans. Après quelques mois, ils résidaient ensemble et la jeune femme tomba rapidement enceinte. Pour Jean-François, tout devait aller vite. Très vite, toujours plus vite. Il n'avait pas le temps d'attendre et ses moindres désirs devaient être immédiatement satisfaits.

Jean-François était alors vraiment amoureux et ravi de la grossesse de sa conjointe qui se déroulait à merveille. Il continuait pourtant à sortir dans les clubs, à multiplier les conquêtes pour découvrir de nouvelles sensations et commença à mentir pour couvrir ses frasques.

Le 26 novembre 1991 au matin, la petite Lydia vit le jour à l'hôpital Pierre-Boucher sur la Rive-Sud de Montréal. Jean-François fut présent tout au long du travail. Pendant l'accouchement, il ressentit « un méchant feeling », comme il dit, et tomba immédiatement amoureux fou de son bébé. Il était vraiment heureux d'être père, mais cela ne l'empêcha pas de continuer à sortir, peut-être pour fuir des sentiments trop intenses ou pour étouffer une angoisse devant ces nouvelles responsabilités. Encore aujourd'hui, il ne sait pas trop pourquoi il agissait ainsi...

Les six mois suivants furent infernaux. Jean-François sortait, consommait, mentait, et la mère de sa fille devait assumer seule, ou presque, toutes les responsabilités parentales. Excédée, elle le quitta finalement, et l'homme continua à fuir vers des ailleurs toujours plus lointains. Il noya sa peine d'amour dans l'alcool, la drogue et les conquêtes amoureuses. Il possédait maintenant une voiture et conduisait en fou avec les facultés gravement affaiblies.

Pendant quatre ans, il ne vit presque pas sa fille et continua sa vie de galère. Par inconstance, il perdit un emploi de conducteur de chariot-élévateur avec un salaire horaire de 17 dollars, se retrouva un autre emploi assez payant et poursuivit sa quête insensée de plaisirs et de sensations. Il reconnaît sans peine aujourd'hui que la mère de sa fille a été extraordinaire et qu'il lui doit une fière chandelle pour s'être aussi bien occupée de Lydia, presque seule, pendant toutes ces années.

Un soir, dans son appartement, avec des copains sur le *party*, il rencontra le deuxième grand amour de sa vie. Sur le coup, il ne la remarqua pas vraiment, puisqu'il était sur sa planète. Le lendemain, elle le rappela et à ce moment-là, il ressentit un nouveau coup de foudre. Immédiatement, ils commencèrent à se fréquenter et très rapidement, ils emménagèrent sous le même toit. Quelques mois plus tard, ils décidaient de faire un enfant. Jean-François fut ravi d'apprendre que c'était un petit garçon, puisqu'il avait toujours rêvé « d'avoir le couple », comme le dit l'expression populaire.

Malgré cette grande nouvelle et l'amour qu'il ressentait pour sa nouvelle conjointe, Jean-François ne réussit pas à modifier son comportement. Sa conjointe n'acceptait pas la situation et leur relation se détériorait progressivement.

Le 12 février 1997, à 23 h 37, Jean-François devint le papa de Gabriel, qui naquit à l'hôpital Charles-Lemoyne sur la Rive-Sud de Montréal. Il fut présent à l'accouchement et pendant tout le travail. Il était émerveillé d'être maintenant papa d'un garçon ET d'une fille. Il ne put cependant s'empêcher d'aller célébrer l'événement dans un club durant les heures qui suivirent. Encore aujourd'hui, il ne sait pas vraiment comment expliquer son comportement…

Les mois suivants, Jean-François se comporta exactement de la même manière que lors de la naissance de Lydia : sorties dans les clubs et consommation d'alcool et de drogue. Six mois plus tard, la mère de Gabriel le quitta alors qu'il poursuivait sa quête insensée. Après de longues et douloureuses procédures judiciaires, il fut finalement décidé que Gabriel pourrait voir son père toutes les fins de semaine. Lydia, maintenant âgée de sept ans, maintenait aussi le contact avec Jean-François et venait le visiter certains jours de fin de semaine, mais retournait dormir chez sa mère.

De jour, le père était relativement responsable avec son fils et sa fille. Il sortait avec ses deux enfants, les amenait partout : La Ronde, le Zoo de Granby, le Parc Safari… Il se montrait extrêmement généreux et attentionné avec eux. Il adorait les gâter, exactement comme on l'avait gâté dans son enfance. Le soir, toutefois, il ne pouvait s'empêcher de sortir et il a laissé très souvent seul son garçon qui n'avait que deux ans à l'époque.

Gabriel était passablement perturbé par la situation et sa mère, exténuée d'élever seul son petit, décida finalement de «le placer» alors qu'il n'avait que trois ans. Cette solution était inconcevable pour Jean-François, qui ne pouvait s'imaginer abandonner son fils comme il l'avait lui-même été. Il conclut donc une entente avec la mère, par laquelle il obtenait la garde complète du petit garçon de trois ans. Cela ne changea cependant pas le comportement du père, qui continua à laisser l'enfant seul à la maison alors qu'il sortait dans les bars. À plusieurs reprises, la police dut intervenir. Gabriel fit même deux fugues, en couche, presque nu. Chaque fois, l'homme jurait avec conviction qu'il ne recommencerait plus, mais le même manège se reproduisait sans cesse.

Plus tard, en thérapie, Jean-François versa toutes les larmes de son corps en repensant à cette extrême négligence et à tout ce qui aurait pu arriver à Gabriel, qui est la personne qu'il aime le plus au monde avec sa fille Lydia. Même les signalements de la police à la DPJ furent sans effet sur lui. Ses compulsions étaient plus fortes que tout et rien ne pouvait l'empêcher de décoller vers *sa* planète.

Pendant plusieurs années, Jean-François poursuivit sa descente aux enfers. Il perdit son emploi bien payé, parce qu'il vendait de la drogue aux employés dans la salle de bain pendant ses heures de travail. Il accumula des contraventions pour excès de vitesse totalisant 3 800 dollars et un soir, il réussit même à en obtenir trois de suite sur le seul boulevard Roland-Therrien à Longueuil, avant de perdre son permis de conduire. Il déménageait aussi fréquemment, puisqu'il ne payait jamais son loyer. En fait, il finit par tout perdre... sauf son fils. Finalement, il prit conscience que quelque chose se détraquait en lui. Il ne «l'avait plus». Il n'était plus «hot». Gabriel, bien sûr, souffrait de tout ce désordre dans la vie de son père, le seul être au monde qui lui restait.

Un soir, constatant sa déchéance, la mère de Jean-François l'entraîna dans une rencontre des Alcooliques anonymes, mais cela n'eut aucun impact sur lui. Il ne se sentait pas à sa place, parce qu'il ne se croyait pas dépendant de l'alcool – alors qu'il buvait tous les jours et souvent dès son réveil. Comme il n'arrivait pas non plus à exprimer ses émotions, il ne comprenait pas l'intérêt d'aller partager son histoire avec des inconnus. En fait, il n'avait pas encore atteint « son bas-fond », comme disent les A.A.…

Le père et le fils vécurent ensuite dans de nombreux appartements, puis chez une tante, pour finalement atterrir dans un môtel de Saint-Hilaire à l'automne 2005. Le père de Jean-François décéda en octobre de la même année. Cela le secoua certainement un peu, mais pas suffisamment pour le convaincre de se reprendre en main. Le coup de grâce vint cependant de la DPJ, qui lui adressa un ultime avertissement : il avait une semaine pour entreprendre une démarche sérieuse, sinon son enfant de huit ans lui serait retiré.

Le 12 novembre 2005, soit exactement une semaine plus tard, Jean-François et Gabriel entraient à la Maison Oxygène. L'avertissement de la DPJ résonnait encore aux oreilles du père et il sentait surtout qu'il était en train de se détruire et d'anéantir la vie de son fils. Pour Gabriel, pour Lydia, pour lui-même aussi, Jean-François arrêta alors de consommer alcool et drogues avec l'aide des intervenants de la Maison et en se rendant à des réunions des Alcooliques anonymes. Comme il est excessif en tout, il se lança à fond de train dans cette démarche et il assista à plus de 200 réunions des A.A. en 90 jours : matin, midi, soir, jour après jour. Il n'a plus consommé depuis cette période.

Son séjour de trois mois à la Maison Oxygène lui permit de vivre son sevrage dans un milieu protecteur, où il pouvait être en relation constante avec son fils et sa fille. Peu à peu, il commença à mettre des mots sur sa souffrance et à cerner les sources de son mal de vivre. Il comprit aussi qu'il avait reproduit inconsciemment les comportements irresponsables de ses parents adoptifs.

À la fin de son séjour à la Maison Oxygène, Jean-François put profiter d'un hébergement de trois autres mois à la Maison Claude-Hardy. Pendant cette période, il reprit le travail et se responsabilisa peu à peu. Faisant tout avec exagération, il se lança à corps perdu dans le boulot, auquel il consacrait souvent plus de 70 heures par semaine. Par conséquent, il était très peu présent à la maison.

De ce fait, Gabriel manqua beaucoup d'encadrement pendant cette période et, comme il avait été perturbé par tous ces changements dans sa vie, son comportement en fut affecté. À l'école, il dérangeait la classe et fut rapidement diagnostiqué comme hyperactif. On lui prescrivit du Ritalin. Il changea aussi d'école trois fois au cours d'une seule année scolaire.

De 2006 à 2008, Jean-François et Gabriel poursuivirent sur cette lancée. Le père ne consommait plus et était beaucoup plus responsable, mais son investissement excessif dans le travail nuisait à la stabilité du garçon.

En 2008, un ami invita Jean-François au Casino de Montréal. Comme il est curieux de nature, il fut excité par la perspective de découvrir une nouvelle planète. Plus responsable qu'auparavant, il demanda à sa fille, maintenant âgée de 17 ans, de veiller sur son demi-frère de 11 ans. Le premier soir, il gagna 1 600 dollars, ce qui eut pour effet de l'accrocher instantanément à l'excitation nouvelle du jeu. Dès lors, il retourna sans cesse au Casino pour retrouver le plaisir et les sensations de cette nouvelle dépendance.

En quatre mois, Jean-François perdit 16 000 dollars, flambant entre autres l'argent d'un voyage qu'il devait faire avec ses enfants. Il arrêta de payer son loyer, fit couper l'électricité, mit ses meubles en gage, redescendit aux enfers et toucha une nouvelle fois le fond du baril. L'homme fut particulièrement secoué par une crise de son fils, qui le traita de menteur et lui lança : « T'es pus mon père ! » Gabriel déclara alors qu'il n'en pouvait plus de toutes ces histoires. Le père fut profondément touché par les propos de son fils et décida que c'en était fini du jeu. D'un coup, du jour au lendemain. Comme il avait arrêté de consommer, il arrêta de jouer. Peu après, la Maison Oxygène lui réouvrit ses portes et, en novembre 2008, malgré sa honte, le père revint séjourner dans cet établissement.

Aujourd'hui, plus de six mois plus tard, les choses vont bien pour Jean-François. Il n'est plus aux prises avec aucune dépendance et se dit que, comme il les a toutes expérimentées, il devrait pouvoir vivre en paix ! Lydia est maintenant majeure, a complété son secondaire 5, travaille de 25 à 30 heures par semaine et ne consomme ni alcool, ni drogue. Jean-François est très fier d'elle et la gâte lorsqu'il en a les moyens. Gabriel a 12 ans et termine sa cinquième année du primaire. Le fils a été très affecté par toutes les mésaventures de son père mais, tous les deux, ils sont optimistes pour l'avenir. Le père vient aussi d'acheter deux vélos pour qu'ils puissent partir ensemble en randonnée cet été.

Jean-François décolle encore à l'occasion vers sa planète, mais il a appris, avec les années, à ne plus se laisser dominer par ses dépendances. Pendant quelque temps, il part à l'intérieur de lui, se perd parfois en lui-même, mais il réussit maintenant à revenir rapidement sur terre pour veiller sur ses proches. Depuis trois mois, il a aussi une nouvelle copine et vit une relation saine avec cette femme qu'il a rencontrée au Carrefour Familial Hochelaga.

Son défi aujourd'hui : atterrir finalement sur la même planète que ceux qu'il aime !

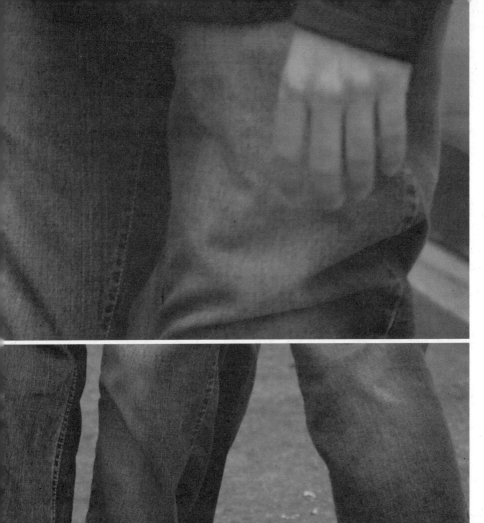

RICHARD
ENCORE EN DEDANS

> *J'en reviens pas du bout que mon père a fait : sorti de prison,*
> *y'était dans la rue, pis là, y'est sain. Je suis fier de lui.*
>
> Fils de Richard, 16 ans

Quand je me suis assis devant Richard, il était extrêmement nerveux, tendu, anxieux. J'ai tenu à lui préciser qu'il était libre de témoigner et qu'il pouvait, s'il le souhaitait, retourner tout simplement chez lui. Je lui ai dit : « Tu es plus important que le livre que je suis en train d'écrire. » Il n'est pas parti. Il a plutôt ouvert un sac en plastique blanc. Dans ce sac, il y avait un petit paquet de feuilles racornies de différents formats, de différentes couleurs : ses poèmes écrits en prison. Il m'a alors lu le texte suivant :

Ça s'peut-tu, encore icitte
J'suis ben tanné, ben écœuré
Ç'a pas d'bon sens
Rendu à trente ans
De s'réveiller
Encore en dedans
Qu'est-ce que j'fais, qu'est-ce que j'dois faire
Je ne sais pas
Vraiment pourquoi
Ô toi, qui es aux cieux
Aide-moi pour vivre mieux

L'homme a maintenant 42 ans. Il n'est pas retourné en prison depuis plusieurs années, mais il se sent « encore en dedans ». En fait, on a l'impression qu'il a vécu toute sa vie enfermé en dedans de lui, à cause d'une très grande blessure subie au début de son adolescence.

Richard a grandi avec ses deux frères et ses parents dans un quartier ouvrier de Montréal. Il a connu une enfance qu'il qualifie de choyée en comparaison de celle des autres enfants du voisinage. La première fois qu'il a mangé du Kraft Dinner, c'est quand il est parti en appartement. En fait, il se souvient plutôt des énormes steaks que son père allait chercher dans une petite boucherie et qu'il faisait griller sur leur super cuisinière. Il se rappelle aussi que son papa transformait sa camionnette en piscine et que ses deux frères et lui pouvaient s'y baigner pendant des heures. Le père poussait même l'audace jusqu'à circuler avec sa « piscine mobile » dans les rues du quartier, et cela, au plus grand bonheur de sa marmaille.

À douze ans, cependant, la vie de Richard a basculé lorsqu'il a été abusé par une femme de son entourage en état d'ébriété. La relation sexuelle complète l'a profondément perturbé. Quelque chose s'est brisé en lui ce jour-là et il évoque encore ces moments avec trouble et colère. Comme cette femme lui avait fait jurer de ne rien révéler à personne, il s'est tu pendant 20 ans et s'est enfermé lui-même dans la plus impénétrable des prisons.

Rapidement, hanté par ce terrible secret, il a commencé à consommer des joints de hash et de pot. Pour endormir sa souffrance. Comme il distribuait des journaux et amassait une centaine de dollars par semaine, il pouvait se payer tout ce qu'il voulait. À 13 ans, il expérimentait les buvards d'acide et s'enfuyait dans cet univers psychédélique. À 14 ans, il consommait régulièrement de la cocaïne. Il fréquentait aussi des jeunes criminalisés, qui l'incitèrent bientôt à vendre de la drogue. Son père tenta bien de contrôler ses fréquentations, mais en vain.

En secondaire 3, Richard abandonna la polyvalente bétonnée et sans fenêtres de son quartier en se disant qu'il y reviendrait plus tard pour apprendre un métier. Il faisait des *jobines* ici et là, mais la tentation de l'argent facile l'entraîna vers des vols de radio d'autos, puis des vols de voitures, et ensuite des opérations plus complexes de vols dans des commerces. La fuite en avant.

Richard avait toutefois une règle d'éthique : jamais il n'a commis de crime contre des personnes. Ça, il ne pouvait pas. Toutefois, il n'avait aucun scrupule à subtiliser les biens d'autrui, parce qu'il se disait que, de toutes façons, les assurances rembourseraient les gens qu'il dévalisait. Bien sûr, c'étaient des crimes, mais, pour lui, des crimes sans importance.

À 16 ans, il acheta sa première moto, puis, à 17 ans, sa première voiture. Richard menait une vie excitante, pleine de sensations. Il sortait dans les bars, consommait alcool et drogues, commettait des crimes contre la propriété et «passait d'une fille à l'autre», comme il le dit lui-même. Son mal de vivre, cependant, le suivait partout.

À 18 ans, il se fit arrêter pour fraude et séjourna pendant deux semaines en prison. Ce fut la première d'une longue série de condamnations.

À 20 ans, il fut condamné à 18 mois d'incarcération pour crime économique. Après huit mois, il considéra qu'il méritait une remise de peine, qu'il n'obtint pas. Cela le révolta. Un jour, on le mit en isolement et, dans son cachot, il y avait un manuel qui énonçait les droits des détenus. Futé, il plongea dans ce manuel et décida de contester les mesures qu'il subissait. Il expédia de nombreuses requêtes au directeur de la prison, puis au ministre de la Justice. Quelques semaines plus tard, Richard fut libéré pour cause de «surpopulation», mais il est convaincu qu'on cherchait plutôt à se débarrasser d'un pensionnaire gênant. Trois semaines après, il fut arrêté pour excès de vitesse alors qu'il conduisait en état d'ébriété. Il dut alors purger le reste de sa peine.

L'année suivante, à 22 ans, il revint en prison pour vol de commerce et purgea une peine de deux ans moins un jour. Il était toujours en colère, frustré. C'était comme si une force en lui, qu'il ne maîtrisait pas, le poussait à faire toutes ces bêtises. Cela le rendait malheureux mais il ne pouvait y résister. C'est au cours de ce séjour qu'il commença à écrire de la poésie pour exprimer les émotions troubles qu'il ressentait. Écrire l'apaisait, lui faisait du bien, l'aidait à s'approcher un peu du nœud de sa souffrance. Richard se mit aussi à la lecture. Il adorait lire des biographies. Il parcourut la vie de Mozart, de Beethoven, mais aussi celles de Gerry Boulet et de Pierre Péladeau. Il aimait beaucoup visionner des documentaires. Pendant cette période, il commença aussi à étudier le Code criminel et, comme il ne consommait plus, il avait l'esprit beaucoup plus clair. Sa souffrance, elle, était pourtant toujours aussi vive.

En 1991, à 24 ans, il sortit de prison bien décidé, cette fois, à prendre un nouveau départ dans la vie. Il n'en pouvait plus de souffrir. Il voulait tout mettre derrière lui et goûter enfin aux bonheurs simples de l'existence : une femme, une famille, une bonne *job*. Quelques mois plus tard, il rencontra une très jeune femme et, pour la première fois, il devint amoureux. Ce fut un véritable coup de foudre. La passion. Sa vie était transformée. Même si la jeune fille n'avait que 16 ans et qu'elle était déjà mère de jumeaux d'un an, Richard fut totalement subjugué. Les amoureux décidèrent presque immédiatement d'emménager ensemble.

Malheureusement, à peine deux mois plus tard, la jeune fille le quitta brusquement pour retourner vivre avec son ex-amoureux en même temps qu'elle découvrait qu'elle était enceinte. Richard était doublement catastrophé : en plus d'avoir été laissé, il lui était impossible de savoir s'il était ou non le père de l'enfant. Peu de temps après, la future mère reprit avec Richard et le quitta presque aussi rapidement. Pour étouffer sa souffrance, il se jeta dans les bras d'une autre femme et ne vit plus son ex-compagne du reste de la grossesse.

Six mois plus tard, la mère de l'enfant vint présenter le bébé à Richard, sans aucun avertissement. Il fut troublé par cette rencontre. Déstabilisé. Mais il se souvient surtout du regard échangé avec l'enfant, qui le remua jusqu'au plus profond de lui-même. Il fut comme ensorcelé par ce petit être. Pendant les trois années qui suivirent, il vit rarement le petit garçon qui était pourtant toujours présent dans ses pensées.

Au cours de cette période, Richard tenta de remettre de l'ordre dans sa vie. Il avait plein d'idées, plein de projets. Il réussit même à rencontrer Marcel Béliveau en 1993, pour lui présenter un projet commercial qui le séduisit. Le multimillionnaire lui prêta alors un camion de grande valeur pour mettre sur pied son entreprise. Malheureusement, Richard fut arrêté pour excès de vitesse au volant du véhicule et commit quelques bêtises qui brisèrent le lien de confiance avec son mécène. Richard consommait toujours et, même s'il était libre, il sentait que les barreaux de la prison le poursuivaient partout où il allait.

En 1995, Richard reprit avec son ex-conjointe, qui était maintenant mère de deux autres filles. Il y avait donc cinq enfants à la maison : les jumeaux de quatre ans, le garçon de trois ans et les filles âgées de deux et un an. Pendant les années qui suivirent, le couple se sépara et reprit à de nombreuses reprises, mais le lien de l'homme avec les enfants ne cessa de s'approfondir. Comme il le dit lui-même, « il les traitait tous les cinq égal ». Il les a amenés au Parc Safari, faire de l'équitation, aux Go Karts... Rien n'était trop beau pour eux. Il leur remettait de somptueux cadeaux et aimait par-dessus tout leur faire des surprises : un jour, il a même emmené toute la famille au Dairy Queen en limousine !

Pendant cette période, sa relation avec le garçon dont il n'était pas certain d'être le père évolua et se précisa. Petit à petit, Richard en vint même à percevoir des ressemblances entre lui et cet enfant. Une complicité toute particulière se développa entre l'homme et le gamin et, progressivement, les doutes se dissipèrent : ils en vinrent tous les deux à se considérer comme père et fils. À six ans, le garçon demanda à Richard s'il était son père. Il ne répondit pas.

La mère souhaitait attendre que le garçon ait sept ans avant de lui apprendre qui était son père biologique. Lorsqu'il atteignit cet âge, elle préféra attendre encore un peu. Dans les mois qui suivirent, le couple se sépara une nouvelle fois et le père ne cohabita plus avec son fils. Le garçon venait cependant le visiter à l'occasion et ces visites remplissaient Richard de bonheur. Cette relation donnait du sens à sa vie mais, quand l'enfant s'en allait, il laissait un vide immense dans le cœur de l'homme et ses démons intérieurs revenaient le hanter. Sa consommation devint alors de plus en plus importante et il reprit ses activités criminelles. En 2003, il retourna même en prison pour une courte période.

Finalement, lorsque l'enfant eut 11 ans, avec l'accord de sa conjointe, Richard prononça les mots qui lui brûlaient la gorge depuis tant années. Il dit à son garçon: « C'est moi ton père. » L'enfant fut ravi. Le père aussi. Enfin, le secret était levé. Enfin, Richard était un vrai père.

L'année suivante, la mère rencontra un autre homme et cette relation perturba considérablement la vie de ses enfants. Elle était peu présente, peu disponible, à un point tel que la DPJ décida d'intervenir dans le dossier. Les jumeaux furent alors confiés à un proche, les filles plus jeunes à une famille d'accueil, et Richard obtint la garde légale de son fils; cette dernière décision ne fut pas contestée par la mère, qui put continuer à le voir occasionnellement.

Cette décision fouetta le moral de Richard. Il décida de se reprendre en main une fois pour toutes et cessa complètement de consommer. Il vivait avec son fils de 12 ans, travaillait régulièrement, recevait un bon salaire et la DPJ considérait qu'il était un père adéquat. Enfin, il était heureux.

Une crainte cependant tenaillait toujours le cœur de Richard. Était-il vraiment le père? Son cœur lui disait que oui, mais sa raison hésitait encore. Finalement, en 2004, pour clarifier définitivement la situation, un test d'ADN fut réalisé. L'homme « reçut une claque en pleine face », selon ses propres mots, puisque le test révéla qu'il n'était *pas* le père biologique. Son petit monde s'écrasa alors comme un château de cartes.

Il voulut immédiatement l'apprendre lui-même à celui qu'il considérait comme son garçon, mais son ex-conjointe le devança. L'enfant ressentit alors une profonde colère et se révolta contre Richard. Il se sentait trahi et dépossédé. Il en voulait à cet homme qui avait prétendu être son père et retourna vivre chez sa mère, à l'encontre de la décision du Tribunal.

Pour démontrer son amour à ce garçon, Richard, avec l'accord de l'enfant et de la mère, entreprit des procédures d'adoption qui firent en sorte que, finalement, il devint le père de celui qu'il avait toujours considéré comme son propre fils. En 2005, le Tribunal accorda officiellement des droits de visite au père adoptif alors que l'enfant résidait chez sa mère, maintenant beaucoup plus stable.

Depuis ce temps, Richard voit régulièrement son fils de cœur qui a maintenant 16 ans. Leur relation est plutôt bonne et il est évident pour l'homme qu'il sera toujours présent aux côtés de cet adolescent. Toute cette histoire a cependant eu un effet dévastateur sur Richard. Son estime de lui-même, sa confiance en lui, sa stabilité ont été mises à rude épreuve. Le vide laissé par le départ de l'adolescent a fait ressurgir encore plus intensément sa blessure d'enfance.

De 2005 à 2008, Richard a vécu une nouvelle descente aux enfers. Il a recommencé à consommer. Il a vécu des hauts et bas. De vraies montagnes russes. Son mal de vivre a repris le dessus et, plus que jamais, il a eu l'impression d'être toujours en dedans.

À l'été 2007, la souffrance est devenue intenable. Un jour, sur le quai de l'horloge, dans le Vieux Port de Montréal, il s'est senti appelé par le courant du fleuve. Pendant quelques instants, il lui a semblé que tout aurait été tellement plus simple s'il s'était tout simplement laissé happer par les grandes eaux. Plus de souffrance, plus de barreaux, plus de prison, plus de consommation, plus de relations déchirantes avec les femmes, plus de culpabilité, plus de honte, plus de remords, juste le courant qui entraîne. Finalement, il n'a pas sauté, mais sa descente aux enfers s'est poursuivie encore pendant quelques mois.

Au début de 2008, il a été arrêté par un policier en civil alors qu'il dormait dans une « boîte de camion ». Comme il ne savait pas que c'était un représentant de l'ordre, il s'est débattu, croyant être attaqué. Il a ensuite été incarcéré pendant sept semaines. À sa sortie de prison, il était au plus bas. Il n'en pouvait tout simplement plus. Il s'apprêtait alors vraiment à mettre fin à ses jours mais, heureusement, il a eu le réflexe d'appeler Suicide-Action Montréal le 15 mars 2008.

Richard a alors séjourné pendant 24 heures au centre Dollard-Cormier, où il a été sevré, puis dans un centre de crise où il a été hébergé pendant 14 jours. Il a ensuite pris le chemin de la Maison Oxygène. Il a pu y résider pendant trois mois, avant de vivre pendant deux autres mois à la Maison Claude-Hardy. Il ne consomme plus depuis ce jour.

Son séjour à la Maison Oxygène lui a tout simplement sauvé la vie. Il a pu y vivre en sécurité et à l'abri des problèmes financiers. On a pris le temps de l'écouter, il s'est senti respecté et il a pu recevoir la visite de son garçon à plusieurs occasions. Mais le plus important peut-être, c'est que la Maison Oxygène lui a offert la stabilité nécessaire pour entreprendre une thérapie auprès de l'organisme CRIPHASE (Centre de ressources et d'intervention pour hommes abusés sexuellement dans leur enfance).

Pendant plus de 30 ans, Richard avait vécu dans la honte. Il n'avait parlé de son agression qu'à deux personnes et encore, très brièvement. Il portait donc seul le poids de cet abus qui le minait de l'intérieur, le mettait en colère contre tout et perturbait profondément ses relations affectives.

Lors de sa thérapie, il a pu aller au fond de sa douleur. Il a pu exprimer ses émotions refoulées et révéler son terrible secret à quelqu'un qui a su le recevoir. Depuis ce temps, Richard maintient le contact avec l'organisme CRIPHASE, participe à des rencontres de Narcomanes anonymes et visite régulièrement les intervenants de la Maison Oxygène, qui lui ont offert l'espace et le temps nécessaires pour entreprendre une démarche de changement.

Depuis le 9 février 2009, Richard suit avec assiduité une formation en camionnage et a obtenu récemment son diplôme. Un ami l'a même aidé à obtenir un véhicule et à le financer. Il y a quelques semaines, il est venu montrer sa nouvelle voiture, une belle vieille Mustang, à un des intervenants de la Maison. Surtout, il voit régulièrement son garçon.

Sa thérapie lui a permis d'ouvrir les portes de sa prison intérieure. Il sait maintenant qu'il peut en sortir, mais il se sent encore un peu *en dedans*. Pour vraiment compléter sa guérison, il ressent aujourd'hui un profond besoin de réparation. Il espère de tout cœur que la personne qui l'a agressé reconnaîtra un jour ses torts et lui permettra enfin de se libérer complètement.

SERGE
LES TROIS MIRACLES

> *À Oxygène, j'ai regardé les Expos avec mon père pour la première fois. On a même reçu des billets pour aller voir un match! C'était super! […] Aujourd'hui, ce que je peux dire de mon père, c'est qu'il est toujours là pour moi, je peux compter sur lui, en plus il a le cœur à la bonne place.*
>
> Marc, 21 ans

Serge travaille au Carrefour Familial Hochelaga et à la Maison Oxygène depuis presque dix ans. C'est un grand bonhomme de 47 ans, mince, *cool* mais dynamique, toujours avec le mot pour rire et le cœur sur la main. Il est toujours prêt à aider les autres : les employés, les familles dans le besoin, les pères en difficulté et, surtout, ses propres enfants. Tout le monde aime Serge et celui-ci le leur rend bien.

Derrière cette façade joviale et généreuse, Serge est pourtant un homme timide. Il a souvent peur de déranger et se sent parfois mal à l'aise. Il était très nerveux à l'idée de me rencontrer et encore plus anxieux lorsqu'il a lu ce texte, parce qu'il n'aime pas beaucoup parler de lui et se révéler. C'est seulement avec les années qu'il a appris à mieux entrer en relation avec les autres et à socialiser.

Serge n'a pas connu son père. Sa mère l'a élevé seule, en compagnie d'un frère et d'une sœur légèrement plus âgés. La famille était très pauvre et, à la fin du mois, c'est la nourriture offerte par les congrégations religieuses qui lui permettait d'atteindre le premier jour du mois suivant. Les enfants ont souvent dû fouiller dans les poubelles pour ne pas crever de faim.

La mère de Serge l'aimait beaucoup et son meilleur souvenir d'enfance, c'est lorsqu'elle le berçait tendrement, seul, devant le téléviseur sans volume pour ne pas réveiller les autres enfants qui dormaient déjà. Il adorait ces moments précieux, parce qu'il l'avait alors toute à lui.

Serge était néanmoins un enfant anxieux ; il avait souvent des crampes d'estomac et des maux de ventre. Il était difficile pour lui de s'endormir le soir et la lumière de sa chambre devait demeurer allumée pour qu'il puisse trouver le sommeil.

L'équilibre précaire de l'enfance de Serge se brisa cependant lorsque, le soir du Noël de ses six ans, sa mère dut subir une intervention chirurgicale au cours de laquelle elle se fit amputer une jambe. Elle ne fut plus jamais la même après. Elle resta comme « figée », pour reprendre l'expression de Serge. Sa propre enfance avait été extrêmement difficile et l'opération avait abattu ses dernières résistances.

Les trois enfants, tous âgés de moins de dix ans, durent donc apprendre à s'occuper d'eux-mêmes et de leur mère. Le frère plus âgé devint une sorte de petit père. Il allait à la banque encaisser les chèques d'aide sociale, était responsable de se procurer la nourriture pour la famille et représentait aussi l'autorité auprès de Serge et de sa sœur. C'était, bien entendu, trop pour ce petit homme, mais il fit tout ce qu'il put pour veiller sur les siens.

Serge se souvient aussi que, comme sa famille était trop pauvre pour payer les factures d'huile à chauffage et remplir le réservoir d'un seul coup, il allait acheter de petits bidons à l'unité pour ne pas geler pendant quelques jours de plus. C'était vraiment la grande misère.

Les enfants commencèrent alors à commettre de petits délits pour se procurer de la nourriture. Ils avaient faim et souvent, les banques alimentaires ne suffisaient pas. Ils apprirent donc à voler pour survivre.

À neuf ans, Serge découvrit que sa mère avait eu deux autres enfants, qu'elle avait dû laisser en Abitibi. Il fit alors connaissance avec cette nouvelle famille, et surtout, avec un grand frère fortuné qui devint rapidement son idole puisque, entre autres choses, il les sortait au restaurant et payait avec des billets de 100 dollars. L'homme possédait une Cadillac rutilante, était fort comme un cheval et représenta pour Serge, pendant plusieurs années, sa figure paternelle. Malheureusement, il entrait et sortait rapidement de sa vie sans véritablement la modifier.

À 12 ans, Serge prit sa première «brosse» avec ses cousins d'Abitibi: pour les impressionner, il ingurgita un grand verre d'alcool fort d'un seul coup... qu'il vomit immédiatement! Il fut malade comme un chien, mais prit tout de même goût à l'alcool qui lui permettait, pendant un instant, d'oublier ses souffrances et sa timidité.

À 15 ans, Serge abandonna l'école pour aller travailler au dépanneur du coin à deux dollars de l'heure. Il avait maintenant de l'argent pour payer une pension à sa famille ainsi que pour s'offrir de petits plaisirs. Au début, ce fut une bière, puis deux, puis six. Puis rapidement, il y eut aussi le pot et le hash. Tout pour oublier sa vie difficile.

Lorsque Serge eut 16 ans, son grand frère partit de la maison et il dut assumer seul les responsabilités familiales: l'argent, la nourriture, veiller sur sa sœur et surtout, sur sa mère qui se désespérait, repliée sur elle-même.

Heureusement, Serge était travaillant. Il put presque toujours dénicher de petits boulots ici et là. Vaillant à l'ouvrage, il était apprécié de ses patrons. Il occupa donc mille et un emplois pendant cette période et, quand il ne travaillait pas, il récoltait de l'assurance-chômage.

Les années suivantes, pourtant, furent marquées par «la dérape», la pente glissante qui entraîne toujours plus loin, toujours plus bas, toujours plus vite. Serge travaillait, buvait, consommait et il était aussi de plus en plus délinquant. Il commit de petits coups, puis des coups un peu plus gros ; pour avoir des sensations, pour avoir l'impression d'être en vie et surtout, obtenir l'illusion de sortir pendant quelques instants de cette spirale sans fin.

À 18 ans, Serge quitta la maison et, peu après, il vécut un drame horrible. Sa sœur, qui demeurait en Abitibi, fut assassinée dans des circonstances sordides. Serge ne savait pas comment pleurer ni comment exprimer sa détresse, alors il utilisa les seuls moyens à sa portée pour étouffer sa souffrance : l'alcool et la drogue.

À 24 ans, un événement heureux vint enfin éclairer la vie de Serge. Le premier de l'an, lors d'un souper au restaurant avec des amis, il rencontra une jeune fille de bonne famille et ils tombèrent éperdument amoureux l'un de l'autre. Elle était attirée par sa gentillesse délicate, son sens de l'humour, mais aussi par son petit côté délinquant. Lui était charmé par sa stabilité, son charme et sa candeur. Un mois après, ils emménageaient ensemble et le mois suivant, elle voulait des enfants. Serge résista pendant quelques mois puis, séduit par l'idée d'avoir sa famille à lui, décida finalement de devenir papa, le 1er janvier de l'année suivante.

Serge et sa compagne étaient alors pleins de bonnes intentions. Ils voulaient bien démarrer leur vie de famille et tout faire « comme il faut ». La conjointe de Serge profita alors d'un retrait préventif à son travail pour bien se préparer à devenir maman et lui se prit un deuxième boulot pour assumer ses responsabilités financières de futur papa. Il arrêta même de consommer des drogues et cessa peu après de boire. Il reprenait sa vie en main. Son estime de soi s'accroissait et l'avenir s'ouvrait enfin devant lui.

L'accouchement de la compagne de Serge fut un merveilleux événement et Marc, son premier garçon, vit le jour. Lors de ce grand moment, le nouveau père ressentit immédiatement un profond attachement pour son enfant. Être père était quelque chose de simple et naturel pour lui et cela donnait du sens à son existence.

Rapidement toutefois, l'angoisse et la détresse refirent leur apparition. La course entre les boulots et le stress quotidien minaient Serge, qui était déjà fragile. Il recommença donc à boire pour diminuer la tension journalière. Comme il ne parlait à personne de ce qu'il ressentait, une boule d'angoisse se forma dans sa gorge, que seul l'alcool réussissait à dissiper. Il s'éloignait aussi peu à peu de sa compagne mais continuait à travailler comme un forcené et à veiller sur son enfant.

Deux ans plus tard, François naissait, puis, l'année d'après, Olivier venait au monde à son tour. La famille déménagea alors dans un magnifique sept et demi avec sous-sol. Le couple espérait que ce serait un nouveau départ pour la famille, mais Serge perdit rapidement son emploi et, comble de malchance, comme il n'avait pas accumulé suffisamment d'heures de travail pour bénéficier des prestations de l'assurance-chômage, se retrouva sans aucun revenu.

Pour payer les comptes, Serge dut emprunter de l'argent et une partie de ces sommes disparut aussitôt en alcool et en drogues. Il était complètement paniqué, terrorisé, désespéré, puisqu'il ne trouvait pas de travail et ne savait plus à qui emprunter de l'argent. Il était aussi humilié de ne pas pouvoir faire vivre sa famille. Surtout, il ne parlait à personne de ce qu'il ressentait. Un jour, devant son frère, il se taillada même une partie de l'avant-bras dans un geste non prémédité, comme pour lancer un appel à l'aide qu'il était incapable de formuler… Malheureusement, aucun son ne sortit de sa bouche et son frère n'entendit pas ce qui restait coincé au fond de sa gorge.

Heureusement, Serge obtint peu après un emploi assez bien payé. Sa conjointe tomba presque immédiatement enceinte, cette fois d'une petite fille. La pression financière devint à ce moment intolérable pour le père, qui n'avait qu'un secondaire 2. De plus en plus frustré, il se sentait complètement impuissant et accumulait les émotions négatives. La relation du couple se détériorait aussi à vue d'œil. Serge tenta bien un retour aux études pour sortir de cette impasse, mais comme il n'était pas en mesure de suivre un programme scolaire avec assiduité, il abandonna rapidement et Marie-Claude vint au monde. Serge était heureux, bien sûr, d'être enfin le papa d'une petite fille. Cela le réjouissait, pourtant il était complètement terrorisé par les responsabilités qu'entraînait une famille de quatre enfants.

Comme le climat était souvent tendu à la maison, la conjointe de Serge fuyait maintenant le domicile conjugal dès qu'il apparaissait. Elle se mit à suivre des cours du soir, à sortir avec ses amies et à faire du théâtre pour s'évader. Serge savait bien que son couple lui filait entre les doigts mais il ne savait pas quoi faire pour le retenir. Il perdit à nouveau son emploi et sa conjointe tomba peu après enceinte d'un cinquième enfant, ce qui ne fit qu'aggraver encore la situation. La vie du père était devenue un véritable cauchemar.

Un soir, l'inévitable se produisit et la conjointe de Serge lui demanda de partir parce que leur vie était devenue insupportable. Comme toujours, Serge encaissa le coup, sans rien dire. Il tourna immédiatement les talons et s'enfuit dans la camionnette familiale presque neuve avec, dans sa poche, son premier chèque d'aide sociale, qu'il venait tout juste de recevoir. Plus rien ne comptait désormais ; il voulait seulement oublier, oublier que la femme de sa vie ne l'aimait plus, oublier qu'il ne verrait peut-être plus ses enfants qu'il aimait plus que tout au monde, et surtout, oublier qu'il se sentait comme le dernier des lâches de fuir sa famille qu'il adorait. Avec des copains de fortune, il partit en virée et flamba tout l'argent qu'il possédait. Il but, consomma et perdit complètement la tête. Il ne voyait plus rien, sinon sa propre détresse, qu'il n'arrivait même plus à oublier. Finalement, au beau milieu de la nuit, seul dans sa camionnette, peut-être pour plonger dans le grand oubli, il percuta à vive allure une voiture stationnée sur le bord d'un trottoir. Sous le choc, la voiture explosa et la camionnette familiale prit feu. Les policiers arrivèrent presqu'immédiatement sur les lieux et, juste à temps, extirpèrent Serge, indemne, du véhicule en flammes. Ce fut le premier miracle de sa vie.

Serge passa ensuite la nuit au poste de police, ivre mort, et sa conjointe apprit à la télévision, le lendemain matin, ce qui lui était arrivé. Il fit même la page 3 du *Journal de Montréal* et, n'eut été de l'amputation de la jambe de Lucien Bouchard, il aurait probablement fait la une. Il était vraiment au fond du baril.

Un deuxième miracle survint ensuite dans la vie de Serge. Du poste de police, il fut transféré à l'hôpital Louis-Hippolyte Lafontaine puis, à 16 heures, un vendredi après-midi, alors qu'il ne restait plus qu'une seule place, il put être admis dans un centre de thérapie qui s'avéra la bouée de sauvetage du père désespéré.

L'intervenant, un ex-itinérant, révéla Serge à lui-même. Ce dernier découvrit qu'il ressentait des émotions et que ces émotions avaient des noms : peur, angoisse, détresse, honte et culpabilité, mais aussi joie, bonheur, tendresse, amitié et amour. Enfin, il pouvait exprimer ce qu'il ressentait. Enfin, il n'était plus seul. Enfin, la boule au fond de sa gorge se dissipait sans qu'il ait besoin de boire. Enfin, il n'avait plus soif.

Serge passa quatre mois dans ce centre de thérapie et il ne toucha plus jamais ni à l'alcool ni à la drogue. Il n'en avait plus besoin. À la fin de son séjour, il ne se rongeait même plus les ongles, lui qui possédait ce tic nerveux depuis sa petite enfance. Il avait appris, entre autres choses, que les enfants naissent bons et que c'est la vie qui les force à se forger une carapace. Il avait compris qu'il avait le droit à l'erreur et le pouvoir de se pardonner. Il avait découvert aussi qu'il pouvait écrire ce qu'il ressentait, ce qu'il fit régulièrement au cours des mois et des années qui suivirent. L'écriture lui apporta beaucoup de réconfort, de soutien et de confiance en lui. L'homme apprit aussi à mieux entrer en relation avec les autres.

À sa sortie du centre de thérapie, Serge prit la direction de la résidence familiale pour faire connaissance avec son cinquième enfant, Guillaume, qui était né pendant son absence. Renouer avec ses enfants fut un grand bonheur pour le père. Le couple tenta une dernière fois de se réconcilier, mais les blessures étaient trop profondes.

Un an plus tard, la mère demanda à nouveau au père de partir. Serge ne pouvait imaginer sa vie sans ses enfants, qui étaient tout ce qui lui restait sur la terre. Voyant cela, la mère décida de laisser les enfants choisir le parent avec lequel ils souhaitaient vivre dorénavant. Un soir, assis autour de la table de cuisine, les cinq enfants décidèrent de la suite de leur existence. On leur demanda : « Qui veut aller avec papa ? » Deux enfants firent ce choix. On demanda ensuite : « Qui veut aller avec maman ? » Les trois autres choisirent leur mère. Deux mois plus tard, un des enfants modifia sa décision et choisit d'aller vivre lui aussi avec son père. La rupture du couple était alors définitivement consommée.

Les années suivantes furent éprouvantes pour Serge, qui dut faire son deuil de sa relation avec son ex-conjointe et accepter qu'elle ait un nouvel homme dans sa vie. Mais jamais il ne fit de rechute ; il maintint toujours un bon contact avec ses enfants et, graduellement, perdit un peu de sa timidité.

Le troisième miracle dans la vie de Serge fut son embauche à titre de père visiteur par la Fondation La Visite. Ce fut un événement plutôt inattendu pour lui de dénicher un emploi valorisant dans le secteur communautaire. Ce boulot était cependant très significatif pour le père qu'il était. Il lui permit, entre autres choses, de développer son employabilité et son assurance. Peu après, il fut engagé au Carrefour Familial Hochelaga et à la Maison Oxygène. Son travail représente énormément pour cet homme. C'est un port où il est toujours prêt à accueillir ceux qui traversent les épreuves qu'il a lui-même affrontées. C'est un havre de paix où il y a toujours quelqu'un qui est prêt à l'écouter. Mais surtout, c'est un ancrage formidable, où les membres de sa famille savent qu'ils seront toujours reçus à bras ouverts, sans jugement et sans préjugés.

Serge a complété, au début des années 2000, son secondaire 5. Il a une nouvelle conjointe dans sa vie et ils sont très heureux ensemble. Il a maintenant une plus grande confiance en lui, saisit mieux l'importance de son rôle de père et a renforcé ses aptitudes à la socialisation. Il rêve même aujourd'hui de devenir... grand-père !

Bien sûr, la vie n'est pas toujours facile. Comme dans toutes les familles, il y a, à l'occasion, des difficultés ; mais Serge sait mieux maintenant comment les affronter. Il ne fuit plus, il n'accumule plus le ressentiment, la colère et la frustration. Avec ses forces et ses faiblesses, il fait de son mieux pour être un père à la hauteur des attentes de ses enfants.

Grâce à ses trois miracles, Serge est aujourd'hui un homme et un père heureux.

JEAN-CLAUDE
DOMPTER SON ORGUEIL

> *Les mois que j'ai passés à la Maison Oxygène sont les premiers où j'ai connu mon père sans l'influence de l'alcool. C'est comme si j'avais retrouvé mon papa.*
>
> Carole-Anne, 16 ans

Depuis son passage à la Maison Oxygène, Carole-Anne interprète le rôle de la fée des Étoiles à chaque Noël pour tous les enfants du Carrefour. Les couturières ont même dû refaire un costume cette année, puisqu'elle a considérablement grandi depuis trois ans.

J'ai passé quatre heures à écouter Jean-Claude et sa fille Carole-Anne dans leur cuisine du quartier Pointe-aux-Trembles à Montréal. Si je n'avais pas mis un terme à la conversation, je crois que j'y serais encore tellement le père a de la verve, une mémoire phénoménale et un besoin manifeste de se raconter. Tous les trois, nous avons ri, nous avons pleuré, et l'homme m'a relaté sa vie difficile devant son adolescente de 16 ans, à qui il ne cache rien.

Jean-Claude me l'a avoué dès le début : il est extrêmement orgueilleux et ce trait de caractère l'a poussé à faire bien des bêtises. Pendant longtemps, il n'a reculé devant rien et a refusé de demander de l'aide, ce qui l'a entraîné au fond du gouffre. Son défi actuel : continuer à transformer son orgueil, parfois encore mal placé, en fierté et en dignité.

Jean-Claude est né en Gaspésie dans une famille de sept enfants dont il est l'avant-dernier. Lorsqu'il avait trois ans, le clan déménagea pour aller demeurer à Montréal, où il connut une belle enfance, protégée par un père et une mère qui chérissaient leurs enfants. Il n'était ni battu, ni négligé. Il était plutôt aimé et protégé.

Jean-Claude est particulièrement attaché à son père, qui lui apprit à travailler et qui fut toujours là pour lui, même dans les périodes les plus difficiles. Il croit même qu'il était son «chouchou», probablement parce qu'il lui ressemblait beaucoup : du cœur à l'ouvrage, le désir de toujours se dépasser et surtout… un orgueil de pape !

Dès l'âge de 12 ans, Jean-Claude commença à travailler. Il vendait avec succès des abonnements à des journaux. Puis, il livra du pain et occupa plusieurs petits boulots. Finalement, à 16 ans, il abandonna l'école et se mit à travailler à temps plein dans une manufacture.

Bien que très intelligent, Jean-Claude n'avait presque rien appris à l'école. Il se souvient comme si c'était hier du moment où, en première année, on voulut le faire lire devant la classe. Comme il en était incapable, il se sentit profondément humilié, rabaissé, dévalorisé, et se jura intérieurement que plus jamais on ne le ridiculiserait ainsi. Il fit donc «son temps», comme on dit, et refusa tout apprentissage scolaire. Ses parents, non scolarisés, n'étaient pas en mesure de l'aider et, à 16 ans, il était pratiquement analphabète.

Au travail, néanmoins, il était un as. Toujours le meilleur, le plus performant. Pratiquement infatigable et très apprécié de ses patrons, Jean-Claude a toujours investi toute son énergie, tout son cœur, toute son âme, pour, selon l'expression consacrée, «finir la *job*». Rien ne pouvait l'arrêter.

À 17 ans, il travailla sur les chantiers de démolition comme son père. Il se découvrit vraiment une passion pour ce métier, qu'il pratique encore aujourd'hui. Il adore s'attaquer à un immeuble et le voir s'effondrer sous ses coups. C'est excitant, «défoulant» et, en plus, très payant!

Jean-Claude travaillait 40, 50, 60, voire 70 heures par semaine, mais son père exigeait qu'il lui remette tout son salaire pour payer sa pension, exactement comme lui-même avait remis tout son argent à son propre père dans sa jeunesse. L'adolescent se défonçait donc au travail et ne conservait pas un sou de son dur labeur.

Jean-Claude ne consommait pas encore d'alcool ni de drogues, mais il souhaitait suivre ses amis, aller «jouer au pool» et sortir un peu. Pour avoir de l'argent de poche, il se mit à faire de petits vols dans des maisons privées et constata qu'il était doué pour cela. Il possédait un talent évident pour développer des stratégies et les mettre en œuvre. Mais surtout, il adorait l'excitation que lui procuraient ces opérations.

Puis, peu à peu, il se laissa tenter par la consommation. Pour avoir des sensations fortes. D'abord de l'alcool, puis du hash. Bientôt, il fumait pratiquement toute la journée et buvait dès que sa journée de travail était terminée pour, selon ses propres mots, «se nettoyer la gorge de la poussière de la démolition».

À 21 ans, les vols de résidence devinrent des vols de commerce et un expert l'initia à l'art de dévaliser des coffres-forts. En quelques années, il devint un des spécialistes à Montréal en ce domaine et il délaissa ensuite son maître pour régir seul sa *business*.

À 25 ans, il travaillait toujours, organisait des vols importants et consommait régulièrement de la cocaïne, de la mescaline et du buvard. Il essaya à peu près tout, sauf les drogues qui s'injectent. Il subit quatre *overdoses*, mais ne se rendit jamais à l'hôpital. L'orgueil, toujours l'orgueil. Et jamais, au grand jamais, il ne refusait une bataille, ni ne baissait les yeux devant quiconque, même s'il pèse à peine plus de 140 livres tout habillé et mesure 5 pieds 9 avec ses souliers.

Jean-Claude poursuivit cette vie folle pendant plusieurs années. À 27 ans, en Gaspésie, il rencontra la mère de sa fille, une femme magnifique qui l'envoûta instantanément. Ce fut le coup de foudre. Ils passèrent les trois jours suivants dans un motel à faire l'amour et, une semaine plus tard, elle venait vivre avec lui à Montréal.

Pendant trois ans, ce fut le *trip* total pour Jean-Claude! *Sex, drugs and rock'n'roll*! Tout baignait dans l'huile, sa vie était pleine de sensations; il était donc comblé. Puis, la relation du couple commença à se détériorer. La compagne de Jean-Claude devint plus possessive, puis jalouse, puis tout à fait « contrôlante ». Elle ne tolérait plus ses excès. Mais on ne contrôle pas les actions d'un homme comme lui. Plus la femme souhaitait prendre de l'emprise sur la vie de son conjoint, plus celui-ci se rebellait. Puis, finalement, ils se séparèrent... pour la première fois.

Cinq mois plus tard, les amants s'attirèrent à nouveau et le couple se reforma. Peu après, la femme tomba enceinte. Ce fut une grande surprise pour Jean-Claude, qui n'avait pas désiré la venue d'un bébé. Peu importe, il aimait les enfants et il accepta la situation avec philosophie, puis avec une véritable joie.

Malheureusement, rien ne se passa comme prévu. Un jour, il alla chercher sa conjointe au travail et la découvrit dans les bras d'un autre homme. Jean-Claude était furieux. Il voyait rouge. La rupture fut immédiate et sa compagne quitta Montréal pour retourner vivre en Gaspésie auprès des siens.

Le couple ne se reparla pas une seule fois pendant le reste de la grossesse et, un jour, Jean-Claude reçut un coup de téléphone qui lui annonçait la naissance de Carole-Anne. N'écoutant que son courage, il sauta dans sa voiture et fonça vers la Gaspésie. Il était très excité, parce qu'il allait bientôt voir son bébé. Il était tellement fier.

Jean-Claude passa les trois jours suivants à l'hôpital, à s'occuper de la petite de 7 heures du matin à 10 heures du soir. C'était un beau bébé et le père craqua instantanément pour elle. Il l'adorait et l'adore toujours. Il la reconnut même parmi les six bébés filles qui étaient à la pouponnière lors de son arrivée. La mère était même prête à reprendre sa relation avec lui. Il était tellement heureux ; tout s'arrangeait, enfin !

Le troisième jour, la mère apprit cependant au nouveau père qu'elle avait un autre homme dans sa vie. Elle avait décidé de le quitter et demanda à Jean-Claude d'aller lui annoncer la nouvelle. Ne reculant devant rien, il se rendit chez les parents de sa compagne pour parler avec l'homme en question : un géant de six pieds quatre. Les deux hommes se sautèrent rapidement à la figure et démolirent une partie de la maison en se livrant un terrible combat. L'homme déposa ensuite une plainte contre Jean-Claude, qui déposa une contre-plainte contre lui.

Dans la confusion, les accusations tombèrent finalement mais, lorsque le père se présenta le lendemain à l'hôpital, il était attendu par les policiers. En versant des larmes de rage, il prit des photos de son bébé adoré et fut ensuite escorté par les agents jusqu'à la sortie. À son arrivée à Montréal, il constata avec désespoir qu'il n'y avait pas de film dans son appareil-photo.

Trois semaines plus tard, la mère de l'enfant lui lança un SOS. Elle était à Cowansville et demandait qu'il vienne la chercher. Il y avait déjà un nouvel homme dans sa vie et elle disait qu'il la violentait. Accompagné par son père, Jean-Claude se précipita à son secours. Il ramena alors la mère et le bébé chez lui à Montréal.

Le lendemain matin, les policiers cognèrent à sa porte parce qu'une plainte de violence conjugale avait été déposée contre lui par sa conjointe. L'homme était sidéré. La mère et la fille repartirent alors immédiatement pour la Gaspésie, avant même que Jean-Claude puisse saisir ce qui arrivait.

Trois mois plus tard, la même situation se reproduisit, à quelques détails près. Même appel à l'aide. Même précipitation de Jean-Claude à accourir et même intervention des policiers pour faire suite à une plainte de violence conjugale déposée contre lui. Encore une fois, la mère avait un nouveau conjoint dans son existence.

La mère et l'enfant résidèrent ensuite dans un centre d'hébergement. Jean-Claude pouvait aller chercher son bébé pendant la fin de semaine et cela lui permit de maintenir son contact avec elle. Puis, subitement, la mère repartit pour la Gaspésie. Jean-Claude, inquiet pour son bébé, décida de laisser son travail pour aller vivre chez un oncle qui habitait dans la région. Tout ce qui comptait pour lui, c'était Carole-Anne. Pendant cette période, Jean-Claude put garder le bébé à l'occasion et ainsi renforcer le lien qui les unissait.

Un jour cependant, la mère lui confia Carole-Anne et ne vint la reprendre que trois mois plus tard, toujours en compagnie des policiers. Jean-Claude était furieux, mais aussi complètement déchiré par la situation. Quelques jours après, la mère lui remit de nouveau le bébé et, encore une fois, s'absenta plusieurs mois avant de revenir la chercher, encore escortée par les forces de l'ordre. L'homme était de plus en plus déstabilisé. Pendant un mois et demi, la mère résida avec sa fille dans un autre centre d'hébergement, où le père avait accès à l'enfant une fin de semaine sur deux. Finalement, la mère quitta cet établissement et laissa Carole-Anne à Jean-Claude pour une période de six mois.

Lorsque la fillette eut trois ans, Jean-Claude veillait à temps plein sur elle. Pour ce faire, il avait arrêté de travailler. Il recevait des allocations de l'aide sociale et, pour obtenir la garde de l'enfant, il avait réussi à limiter sa consommation d'alcool et de drogues. Bien sûr, les intervenants des Centres jeunesse surveillaient attentivement la situation mais, peu à peu, ils furent convaincus que le père était en mesure de prendre soin de sa fille.

Le tribunal limita ensuite l'accès de la mère à Carole-Anne à une fin de semaine par mois. La mère ne se prévalut de son droit qu'à deux occasions pendant les 12 mois qui suivirent. L'année suivante, Jean-Claude obtint finalement la garde légale complète de sa fille, ce qui fut un soulagement énorme à la fois pour le père et pour l'enfant. Pendant toute cette période, la mère eut d'innombrables conjoints. À ce jour, elle s'est mariée sept fois et fiancée dix fois.

Même après que Jean-Claude eut obtenu la garde légale, son ex-conjointe demanda à quelques reprises à voir sa fille. Le père ne s'y opposa pas. Carole-Anne se souvient encore d'un midi où, alors qu'elle était âgée de six ans, sa mère devait venir la chercher pour le dîner. L'adolescente de 16 ans ressent encore aujourd'hui la rage et la peine de voir sa mère passer devant elle en voiture sans s'arrêter ni même la regarder.

L'année suivante, le père et la fille retournèrent s'installer à Montréal. Carole-Anne entra en première année et le père put reprendre son travail dans la démolition. Le stress accumulé pendant toutes ces années le minait cependant de l'intérieur et, graduellement, il se remit à consommer alcool et drogues de manière de plus en plus importante. Le père tentait de cacher sa consommation de drogues dures à sa fille, mais il n'y arrivait pas. La jeune fille se souvient d'avoir surpris son père, en pleine nuit, pendant une séance de consommation et de lui avoir dit, du haut de ses six ans : « Ça va t'faire mourir ! » Jean-Claude jeta alors tout à la poubelle, mais recommença à consommer trois jours plus tard.

Cette vie débridée se poursuivit encore pendant quelques années. Jean-Claude démarra néanmoins une compagnie de démolition et de recyclage, qui lui permit de générer des revenus très importants, qu'il dilapidait aussitôt en consommant.

Puis, la descente aux enfers commencée depuis longtemps s'accéléra. Il perdit tout : sa compagnie, son emploi, ses biens et son logement. Tout, sauf Carole-Anne... qui voyait son père qu'elle aimait tant se noyer, seul, sans jamais appeler à l'aide. L'orgueil, toujours l'orgueil. Par amour pour sa fille, cependant, il marcha finalement sur son orgueil démesuré et décida d'entrer dans un centre de désintoxication.

Jean-Claude séjourna pendant 11 jours dans ce centre et réussit à rester sobre pendant les trois mois qui suivirent en participant à des rencontres de partage, des *meetings,* comme il dit. Malheureusement, après s'être fait une nouvelle compagne, dans l'euphorie du moment, il arrêta d'assister aux réunions et reprit sa consommation. Il croyait encore qu'il était plus fort que les substances qu'il consommait.

La descente aux enfers se poursuivit pendant deux ans. Une nuit, à 5 heures du matin, il décida de mettre fin à ses jours. Il n'en pouvait plus. Il souffrait trop. Il s'empara alors d'une carabine de chasse, juste pour que ça finisse. Sa conjointe s'aperçut de la situation et appela le parrain de Jean-Claude, qui accourut rapidement. Entre-temps, Carole-Anne s'était réveillée et, de toutes ses forces, s'était mise à frapper désespérément à la porte de la pièce où son père s'était enfermé. Elle réussit finalement à la défoncer et hurla : « Papa, papa ! J'ai besoin de toi ! » Jean-Claude sortit alors de sa torpeur, déposa son arme et prit sa fille dans ses bras. Ils pleurèrent ainsi réunis pendant un long moment.

Le père entra ensuite dans un centre de thérapie, où il demeura pendant quatre mois. Carole-Anne résidait alors chez une tante. Quelque chose commençait à bouger à l'intérieur de Jean-Claude. À changer. Il devenait graduellement capable de se remettre en question et de mettre un peu son orgueil de côté. Au début de son traitement, on lui demanda d'écrire ce qu'il ressentait. Comme il ne savait pas écrire et qu'il ne voulait pas l'avouer, il refusa tout net. Rapidement, il comprit cependant qu'il était dans l'erreur et, peu à peu, se mit à écrire maladroitement puis à lire avec difficulté. Finalement, après quatre mois, il écrivit un témoignage de 23 pages et rédigea une lettre magnifique à sa fille, qu'elle conserva sous son oreiller pendant deux ans. La plus grande révélation de Jean-Claude, ce fut cependant une phrase toute simple : « Ne remets pas à demain ce que tu peux faire aujourd'hui ! »

Puis, pendant 1 an et 13 jours, il réussit à rester sobre. Il assistait à des réunions d'entraide plusieurs fois par semaine. Carole-Anne y participait aussi et s'occupait du café à la pause. Elle garde un excellent souvenir de ces rencontres, parce que son père ne consommait pas et qu'il était présent auprès d'elle.

Mais, un jour, l'orgueil de Jean-Claude refit surface et il se dit qu'il était assez fort pour en prendre une, juste une, « einqu'une »… Il y eut donc une bière… puis une autre, puis une autre encore, et tout redevint comme avant. Le cauchemar recommença. Pendant deux ans, il s'enfonça chaque jour davantage dans la consommation d'alcool et de drogues. Il perdit tout une autre fois. Tout sauf Carole-Anne, qui l'aimait toujours et avait toujours besoin de lui.

Aujourd'hui, Jean-Claude se souvient en pleurant d'avoir, à cette époque, fait manger du riz trois fois par jour à sa fille adorée. Matin, midi, soir. Ses dîners, à l'école, c'était des sandwichs au *baloney* avec un petit breuvage aux fruits. Tous les jours. Toutes les semaines. Carole-Anne se souvient, elle, d'avoir regardé avec envie les boîtes à lunch de ses camarades de classe.

À l'été 2005, Jean-Claude et sa fille n'avaient plus rien. Ils demeurèrent pendant deux semaines dans un chalet sans eau courante ni électricité, sur une petite île en face de Pointe-aux-Trembles. Pour se sortir de l'impasse, le père, excédé, se présenta à l'Office municipal d'habitation de Montréal et exigea qu'on lui octroie immédiatement un logement à loyer modique. Bien sûr, c'était impossible. Il dit alors au préposé qu'il ne sortirait pas avant d'avoir obtenu un logement pour lui et sa fille. Le préposé suggéra alors à Jean-Claude d'appeler à la Maison Oxygène. Désespéré, Jean-Claude décrocha le téléphone et composa le numéro de l'établissement.

Deux jours plus tard, le 17 août 2005, le père et la fille entraient à la Maison, non sans que le père ait bu et consommé pendant toute la nuit précédente. Jean-Claude avait même caché du hash dans les bagages de sa fille. Pourtant, cette fois, ce fut la bonne. Il était prêt et il décida d'utiliser son orgueil pour réussir à reprendre sa vie en main. Il était prêt aussi à se remettre en question profondément. Il constatait surtout à quel point son comportement affectait Carole-Anne.

Jean-Claude passa trois mois à la Maison Oxygène et deux mois à la Maison Claude-Hardy. Il cessa définitivement de consommer alcool et drogues. Il prit le temps de réfléchir et choisit de commencer une nouvelle vie. Il participa à toutes les activités offertes à la Maison et sa fille apprécia beaucoup son séjour. Tous les deux firent même du bénévolat pour des activités du Carrefour Familial Hochelaga. Pour Carole-Anne, ces trois mois furent les plus beaux de sa vie, puisque son père était sobre et présent auprès d'elle. Elle adora aussi la vie communautaire. Pour elle, la Maison Oxygène a tout simplement sauvé la vie de son père.

Depuis cette date, Jean-Claude a recommencé à travailler dans la démolition et, comme il ne consomme plus, il peut s'offrir des voyages avec sa fille. L'an dernier, ils sont allés sur l'île de Margarita au Vénézuela et les deux ont adoré l'expérience. La première pensée de Jean-Claude, en débarquant de l'avion, fut pour la Maison Oxygène et pour l'île misérable sur laquelle il avait séjourné avant de s'y rendre. Le père et la fille vivent maintenant à Pointe-aux-Trembles et c'est dans la cuisine de leur appartement que j'ai eu le privilège d'entendre leur histoire.

Et l'avenir? Pour Jean-Claude, c'est «un jour à la fois». Il sait maintenant qu'il demeure fragile et que, toute sa vie, il devra continuer à veiller sur lui-même. Il est encore impulsif et doit travailler à garder le contrôle. Il se dit soulagé cependant de ne plus être obsédé par l'alcool et la drogue. Il envisage l'avenir avec optimisme. Carole-Anne, elle, rêve de suivre un cours en esthétique ou peut-être de travailler dans une agence de voyages. Elle aime aussi aider les gens autour d'elle et, plus que tout, elle adore son père, qui l'adore en retour.

L'an dernier, le père de Jean-Claude est décédé d'un cancer. Jean-Claude est particulièrement fier d'avoir été présent, et sobre, pour l'accompagner dans ces moments difficiles, parce que cet homme a toujours été là quand il avait besoin de lui. S'il avait encore consommé, il est convaincu que jamais il n'aurait pu le soutenir comme il l'a fait.

L'orgueil de Jean-Claude l'aide maintenant à garder le contrôle sur sa vie et à veiller sur sa fille. Cet orgueil, qui l'a mené au fond du baril, le soutient maintenant et lui permet d'être enfin un véritable père pour Carole-Anne.

LISTE DES RESSOURCES POUR LES PÈRES

COLLABORATEURS DE LA MAISON OXYGÈNE

Si vous êtes un père et que vous avez besoin d'aide, les intervenants de la Maison Oxygène vous invitent à communiquer avec eux au 514 655-6625 ou avec les responsables d'un de ces organismes partenaires aux numéros de téléphone suivants :

AGRESSIONS SEXUELLES SUBIES PAR LES HOMMES DURANT LEUR ENFANCE

CRIPHASE _____ 514 529-5567

ATELIERS POUR LES PARENTS

Éducation coup de fil _____ 514 525-2573

DÉLINQUANCE SEXUELLE

Groupe Amorce _____ 514 355-8064

DÉPENDANCE ET TOXICOMANIE

CAFAT (multiples dépendances) _____ 514 669-9669

Centre Dollard-Cormier _____ 514 385-1232

Drogue : Aide et référence (écoute) _____ 514 527-2626

Jeu : Aide et référence (écoute) _____ 514 527-0140

Maison de réhabilitation l'Exode _____ 514 255-7727

Maison du Pharillon _____ 514 254-8560

Maison Jean-Lapointe _____ 514 288-2611

GROUPES DE CROISSANCE ET DE SOUTIEN POUR LES HOMMES

Entraide pour hommes _____ 514 355-8300
Réseau Hommes Québec _____ 514 276-4545

GROUPE DE DISCUSSION POUR LES PÈRES

Maison de la famille de Saint-Michel inc.
(groupe Orpères) _____ 514 955-3717

IMMIGRATION

Action Réfugiés _____ 514 935-7799
L'Hirondelle _____ 514 281-5696
Institut interculturel de Montréal _____ 514 288-7229
La Maisonnée inc. _____ 514 271-3533

INTERVENTION DE CRISE

Association IRIS/ligne d'intervention téléphonique _____ 514 388-9233
L'Autre Maison/sud-ouest _____ 514 768-7225
Centre de crise l'Appoint/rattaché à Louis-H. _____ 514 351-6661
Centre de crise de l'Ouest de l'Île _____ 514 684-6160
L'Entremise _____ 514 351-9592
Suicide Action Montréal _____ 514 723-4000
Tracom/centre-ouest _____ 514 483-3033
Le Transit _____ 514 282-7753

ITINÉRANCE

Auberge du Cœur Le Tournant _____ 514 523-2157
Auberge communautaire du Sud-Ouest _____ 514 768-4774
Centre Booth (Armée du Salut) _____ 514 932-2214
Centre NAHA _____ 514 259-9962
Maison Bonsecours inc. _____ 514 935-8882
Maison du père _____ 514 845-0168
Mission Bon accueil _____ 514 523-5288
Mission Old Brewery _____ 514 866-8591

JEUNES PÈRES

BCJ _____ 514 270-9760

ORGANISMES COMMUNAUTAIRES FAMILLE

Carrefour Familial Hochelaga/
Entre Parents de Montréal-Nord _____ 514 329-1233
Fami-jeunes/Saint-Henri _____ 514 931-5115
Hochelaga-Maisonneuve _____ 514 523-9283

PÈRES IMMIGRANTS

L'Hirondelle _____ 514 281-5696

PÈRES VISITEURS (RELAIS-PÈRES)

Fondation de La Visite _____ 514 329-2800
Pause-Famille _____ 514 382-3224

PRÉVENTION DE LA CRIMINALITÉ

Maison Charlemagne _____ 514 257-9494
Transition Centre-Sud (L'Issue, La Passerelle) _____ 514 270-6633

PRÉVENTION DE LA VIOLENCE CONJUGALE

Centre de gestion de la colère _____ 514 737-7208
Option _____ 514 527-1567
Pro-gam _____ 514 270-8462
Services d'aide aux conjoints _____ 514 384-6296

RÉALITÉS HOMOSEXUELLES

Action Séro Zéro _____ 514 521-7778 #227
Association des pères gais de Montréal _____ 514 528-8424
Gai écoute _____ 514 866-0103

SOUTIEN AUX PÈRES EN DIFFICULTÉ

Carrefour Familial Hochelaga _____ 514 523-9283
Coopère Rosemont _____ 514 722-1851

SOUTIEN ÉMOTIONNEL SÉPARATION, DIVORCE

Pères séparés inc./Separated fathers _____ 514 254-6120
Repère _____ 514 381-3511

SOUTIEN JURIDIQUE SÉPARATION, DIVORCE

Centre d'assistance et d'accompagnement
aux plaintes de Montréal _____ 514 861-5998
Clinique juridique de l'UDM _____ 514 343-6633
Clinique juridique de l'UQAM_____ 514 987-6760
Coté Cour (Cour municipale) _____ 514 861-0141
Côté Cour (Palais de justice de Montréal) _____ 514 868-9577
Pères séparés inc./Separated fathers _____ 514 254-6120
Repère _____ 514 381-3511
Services d'aide aux conjoints _____ 514 384-6296

VISITES SUPERVISÉES (SERVICE DE DROIT D'ACCÈS)

Amcal Family Services/Pointe-Claire (anglophone) _____ 514 694-3161
Bartimaeus/Kirkland (bilingue) _____ 514 234-3645
Consensus/Centre-ville (bilingue) _____ 514 932-9612
Maison de la famille
Pierre-Bienvenu-Noailles/Cartierville _____ 514 337-1522
Repère/Ahuntsic _____ 514 381-3511
Transition/Hochelaga-Maisonneuve_____ 514 252-7386

Pour une liste plus complète des ressources pour les pères et les hommes au Québec, les intervenants de la Maison Oxygène vous suggèrent de consulter le site Internet du Regroupement pour la Valorisation de la Paternité (www.rvpaternite.org) à la page LIENS.

TABLE DES MATIÈRES

GARANT DES FORÊTS
INTACTES

L'impression de cet ouvrage sur papier recyclé a permis
de sauvegarder l'équivalent de 17 arbres de 15 à 20 cm
de diamètre et de 12 m de hauteur.

Achevé d'imprimer au Canada
en octobre 2009
sur les presses de Imprimerie Lebonfon Inc.